미술과 재테크를 몰라도

누구나 할 수 있는 NFT 아트테크

미술과 재테크를 콜라도

누구나 할 수 있는 NFT 아트테크

강희정 지음

아라크네

NFT, 도대체 뭘까?

2022년 봄, 주변에서 NFT에 관한 이야기가 들리기 시작하면서 자주 드나들던 동네 미술관에도 NFT 아트 전시가 하나둘씩 오픈되었습니다. NFT라는 생소한 용어와 저의 전공인 아트라는 단어가 결합되어 사용되는 것을 보면서 NFT가 너무나도 궁금해졌습니다. 시중에 나와 있는 모든 NFT 책, 논문, 신문 기사 등을 읽고 영상도 보면서 궁금증에 관한 답을 찾아가게 되었지요. 그 결과물이 바로 이 책 『누구나 할 수 있는 NFT 아트테크』입니다.

NFT는 디지털 세상을 실제로 경제활동이 가능한 세상으로 만들어주고, 디지털 세상의 다양한 문제를 해결해 줍니다. NFT는 블록체인과 함께 인터넷, 스마트폰처럼 대중화되어 일상생활에 자리 잡을 것입니다. 우리는 인터넷이 어떤 기술로 이루어지는지 정확하게 알지 못해도 일상생활에서 흔히 쓰며 살아갑니다. 중요한 것은 나와 어떤 부분이 연관되어 있고, 내가 어떻게 활용하는가를 아는 것이지요.

NFT는 단순히 '소유'하던 개념에서 혜택을 통한 '경험'을 제공하는 단계로 진화하고 있습니다. 백화점의 멤버십이나 운동할 때 마일리지 혜택을 주는 것처럼 실생활 속으로 들어오고 있다는 이야기입니다. 카카오톡 서비스의 하나로 자리한 지도 오래되었습니다. 우리는 이미 2~3번의 클릭만으로 쉽게 NFT와 만날 수 있습니다. 이와 같은 NFT 기술을 이용한 다양한 시도는 NFT의 대중화를 가속화할 것입니다. 세계적인 투자가 워런 버핏은 "오늘 누군가가 그늘에 앉아 쉴 수 있는 이유는 오래전에 누군가가 나무를 심었기 때문이다"라고 하였는데요. 2023년 현재는 NFT 시장이 잠시 주춤하고 있지만, 이럴 때일수록 NFT에 대해 정확하게 알고 NFT 대중화 시대를 준비해야 합니다.

NFT 아트는 무한 복제가 가능한 디지털 아트에 원본을 구별해 주는 NFT 기술을 입혀 준 것입니다. NFT 아트의 범위를 어디까지 볼 것인가에 관해서는 논의가 계속되고 있습니다. 그러나 분명한 점은 NFT 아트의 본질은 아트라는 것이지요. NFT 아트를 통해 수익화를 하고 싶다면 바로 이 점을 기억해야 합니다. NFT의 속성과 아트의 속성, 그리고 NFT와 아트가 결합하며 생기는 새로운 속성을 모두 고려해야 한다는 점을 염두에 두고 NFT 아트에 관해 알아 가야 합니다.

이 책의 특징은 다음과 같습니다.

- NFT 아트를 알아야 하는 이유: NFT 아트에 관해 알아서 좋은 점이 무엇일까요? NFT와 '나'의 연결 고리를 찾아냄으로써 아직 NFT 기술을 낯설게 느끼는 보통 사람이 NFT를 쉽게 받아들이고 일상생활에서 활용할 수 있도록 도와주는 가이드와 같은 역할을 하고자 합니다.

- 쉽게 NFT 아트를 시작하는 방법: 사진, 그림, 영상 등 디지털 콘텐츠를 만들 수 있다면 누구나 NFT로 발행할 수 있습니다. NFT 아트를 통해 NFT에 좀 더 쉽게 접근할 수 있는 가이드라인을 제시하였습니다.

- NFT와 아트테크의 상관관계: NFT 아트의 본질은 결국 아트입니다. 전통 미술 시장에서 NFT 아트는 어떤 위치에 있는지, 전통 미술 시장의 미술 투자와 연결하여 그 접점들을 풀어 나갔습니다.

- NFT 아트의 실생활 활용법: NFT 생태계의 구성 요소(크리에이터, 컬렉터, 커뮤니티)를 기준으로 NFT 아트테크에 접근할 수 있는 3가지 방법을 제시하였습니다.

이런 분에게 추천합니다.

- NFT와 NFT 아트가 궁금하신 분
- NFT 아트를 쉽게 이해하고 싶으신 분
- NFT 아트를 깊이 있게 공부하고 싶으신 분
- NFT 아트를 실생활에 활용하고 싶으신 분
- 미술품 소액 투자에 관심 있으신 분
- 월급 이외의 부수적인 수입을 늘리고 싶으신 분
- 새로운 도전을 하고 싶은 (예비) 아티스트, (예비) 디자이너

NFT의 역사가 워낙 짧다 보니 정제되지 않은 경험과 지식이 무분별하게 확대되고 수용되는 경우가 종종 있습니다. 그럴수록 NFT 아트 연구자의 시선으로 정확한 정보를 선별하고, 여러 곳에 흩어진 지식을 체계적으로 정리한 책이 필요하지 않을까 생각합니다. 제가 NFT를 발행할 때, NFT 아트를 구매할 때 겪었던 시행착오를 독자들이 겪지 않았으면 하는 마음으로 실생활에 유용한 정보를 최대한 담아내기 위하여 노력하였습니다. 이와 더불어 NFT 아트테크를 시작하면서 NFT와 미술 분야에 관해 새로운 지식을 알아 가는 재미를 느낄 수 있기를 기대합니다. 그럼, 저와 함께 NFT 아트의 세계로 들어가 보실까요?

4 Chapter
NFT 아트테크를 하는 3가지 방법

누구나 하는
NFT 아트테크

NFT 열풍은
패드일까?

NFT, 선택이 아닌 필수

17세기에 크나큰 부를 축적해 경제적 호황을 누리던 네덜란드에서
는 튤립 구근(알뿌리) 거래가 성행하였습니다. 희귀한 튤립 보유 여부
가 부의 척도로 간주되었지요. 원래 튤립의 원산지는 터키인데 16세
기 무렵 유럽으로 전해지며 귀족들의 사치품으로 각광받게 된 것입
니다.

수요가 늘어나면서 튤립 가격도 점차 올라갔습니다. 튤립을 사들

였다가 더 비싼 가격에 되팔아야겠다는 사람들이 등장하기 시작하였지요. 투기 바람이 불면서 튤립 가격은 엄청나게 치솟았습니다. 하루에 2~3배씩 오를 때도 있었고, 한 달 만에 50배나 오르기도 했습니다. 너무 높아진 가격 탓에 튤립을 사려던 사람들은 주춤하였습니다. 아주 비싼 알뿌리는 집값에 버금갈 정도였다고 합니다.

공급이 수요를 넘어서자 결국 튤립 가격은 폭락하고 말았습니다. 인류 역사상 최초의 거품경제 현상으로 기록된 사건입니다.

헨드릭 게리츠 포트Hendrik Gerritsz Pot, <바보 마차Flora's Wagon of Fools>, 1640: 17세기 네덜란드 튤립 파동을 풍자한 그림

많은 사람이 2021년과 2022년에 나타났던 NFT 투자 열풍을 네덜란드 튤립 파동에 비유하곤 합니다. 영국 콜린스 사전Collins English Dictionary이 2021년을 대표하는 단어로 'NFT'를 선정할 만큼 NFT는 세계적으로 큰 관심을 받았지요. NFT 시장 분석 업체인 논펀저블닷컴Nonfungible.com에 따르면, 2021년의 연간 NFT 거래액은 250억 달러(약 32조 5,000억 원)로 2020년에 비해 260배 이상 급증하였습니다. 반면에 2022년에는 세계 3대 암호화폐 거래소 중 하나인 FTX의 파산 등 금융 위기와 함께 NFT 시장 역시 조정 과정을 거치고 있는데요. 불과 1년 만에 NFT 시장의 분위기는 180도 달라졌습니다.

일시적인 유행을 의미하는 '패드Fad'는 비교적 짧은 기간에 폭발적으로 성장했다가 사라지는 현상을 말합니다. 과연 NFT 열풍은 패드로 끝날까요?

글로벌 시장조사 기관인 주니퍼 리서치Juniper Research가 발표한 NFT 시장 보고서에 따르면, 2027년에는 NFT 거래 규모가 4,000만 건을 기록하면서 현재의 2,400만 건보다 66퍼센트 이상 증가할 것이라고 합니다. 또 다른 글로벌 시장조사 업체 VMR은 NFT 시장이 2030년까지 2,310억 달러(약 300조 3,000억 원) 규모로 성장할 것으로 전망하였습니다. 이미 나이키, 코카콜라, 구찌, 루이비통 같은 글로벌 기업들은 NFT 사업에 활발하게 참여하고 있습니다.

국내에서도 현대, 신세계, 롯데 등 대기업의 NFT 시장 진출이 본격적으로 진행 중입니다. NFT가 단순한 수집품이나 투자 수단을 넘어서 새로운 경험을 제공하며 사용처가 큰 폭으로 확대되리라 예측하고 있습니다. 1990년대 인터넷이 대중화되었던 것처럼, 2000년대 스마트폰이 대중화되었던 것처럼, NFT 역시 우리 일상에 자연스럽게 자리 잡을 것입니다. 그렇다면 지금 우리는 위기 속에서 기회를 찾고 미리 준비해야 하지 않을까요?

정말 누구나 NFT를 만들 수 있을까?

2021년 3월, NFT 역사에 남을 사건이 일어났습니다. 〈매일: 첫 5,000일Everydays: The First 5000 Days〉이라는 작품이 단 18분 만에 6,930만 달러(약 830억 7,000만 원)로 낙찰된 것입니다. 이는 현존하는 작가의 작품 경매 가격 순위에서 세 번째로 높은 금액입니다. 장난감 이름을 따서 '비플Beeple'이라고 예명을 지은 마이크 윈켈만 Mike Winkelmann은 2007년 5월 1일부터 2021년 1월 7일까지 하루에 하나씩 디지털 작품을 제작하였습니다. 약 14년간 작업한 5,000개의 작품을 합성하여 〈매일: 첫 5,000일〉이 탄생한 것이지요. 놀라

출처: 크리스티 경매 홈페이지

5,000개의 디지털 작품을 합성한 비플의 NFT 아트 <매일: 첫 5,000일>

운 점은 마이크 윈켈만은 컴퓨터 과학을 전공하였고, 그래픽 디자이너와 애니메이터로 활동하였던 '아마추어 작가'라는 사실입니다.

　초창기에는 NFT의 개념조차 생소했기 때문에 IT 업계나 금융업 종사자 등 소수 집단에서만 언급되곤 하였지요. 이후 일반인의 작품이 비싼 가격에 팔리는 이야기들 덕분에 NFT에 대한 관심도 대폭 늘어났습니다. 2021년 5월 영국에서는 <찰리가 내 손을 물었어Charlie bit my finger>라는 1분짜리 영상 NFT가 76만 달러(약 9억 8,000만 원)에 낙찰되었습니다. 이 영상에는 형의 손가락을 깨무

<찰리가 내 손을 물었어> 영상 NFT의 원본 캡처 화면

<곁눈질하는 클로이> 사진 NFT의 원본 영상 캡쳐 화면

는 동생과 아파하는 형의 모습이 담겨 있는데요. 아이들의 아버지가 2007년 유튜브에 올렸고 14년간 조회 수가 약 9억 건 이상을 기록한 것으로 알려졌습니다.

같은 해 9월 미국에서는 〈곁눈질하는 클로이Side Eyeing Chloe〉라는 사진 NFT가 약 7만 4,000달러(약 9,600만 원)에 낙찰되기도 하였습니다. 이 사진 역시 아이들의 어머니가 2013년 유튜브에 올린 영상의 밈Meme(온라인상에서 유행하는 동영상, 사진 등의 콘텐츠)입니다. 디즈니랜드에 데려가겠다는 이야기에 깜짝 놀라 울음을 터뜨리는 언니 옆에서 어리둥절한 표정을 짓는 둘째를 담아냈습니다.

이러한 일반인의 NFT 경매 소식에 사람들은 'NFT는 도대체 뭐지?' '나도 해 볼까?'라는 생각을 갖게 되었습니다. NFT가 대중의 관심을 끌기 시작한 것입니다.

다양한 NFT 발행 이야기

간송 전형필이 설립한 우리나라 최초의 사립 미술관인 간송미술관은 국보 제70호이자 유네스코 세계기록 문화유산인 〈훈민정음해례본〉을 100개 한정판 NFT로 발행하였습니다. 이는 세계 최초의 문화재 기반 NFT로, 가격은 개당 1억 원으로 책정되었습니다. 조선의

NFT로 발행한 국보 제70호 <훈민정음해례본>

NFT로 발행한 신윤복의 <혜원전신첩>

3대 풍속 화가로 꼽히는 혜원 신윤복의 〈혜원전신첩〉도 NFT로 발행하였습니다. 국보 제135호인 〈혜원전신첩〉은 18세기 한양 사람들의 생활상과 남녀의 풍속을 묘사한 작품입니다. 1차로 355개를 발행하였고, 약 18만 원대로 판매해 완판되었습니다.

신세계백화점은 국내 유통 업계 최초로 NFT를 자체 발행하였습니다. 2022년 봄을 맞아 꽃이 피어나는 모습을 담은 10초짜리 영상 다섯 개를 각각 200개씩 1,000개 발행하여 고객에게 무료로 배포하기도 하였고요. 2022년 6월에는 '푸빌라Puuvilla'라는 신세계 대표 캐릭

신세계백화점 푸빌라 NFT

터를 NFT로 1만 개 발행하여 커뮤니티community를 만들었습니다. 다양한 푸빌라 NFT에는 각각 다른 등급이 부여되고, 그 등급에 따라 고객들이 백화점에서 이용할 수 있는 혜택도 다르게 제공됩니다.

MBC 방송사는 2021년 12월 'MBC NFT; 순간의 소유'를 주제로 전시를 선보였습니다. 이때 NFT 마켓을 열어 경매와 판매도 진행하였는데요. 예능 프로그램 〈무한도전〉에서 한 출연자가 "무야~호"라고 외치는 짧은 영상 NFT는 950만 1,000원에 낙찰되기도 하였습니다. 광복절을 기념해 옛 조선총독부 건물을 해체하는 모습을 담은 장면, 컬러 방송을 시작했던 장면, 도산 안창호 로고, 시청자가 요청하는 장면 등도 NFT로 발행해 판매하였습니다.

지금까지 살펴본 몇 가지 사례를 보면 NFT가 마냥 낯설지만은 않은 것 같습니다. 우리와 아주 무관해 보이지도 않습니다. 미술, 음악, 패션 등등 다양한 산업뿐만 아니라 일상에도 NFT가 스며들어 있습니다. 아직 NFT가 무엇인지 잘 모르겠지만 직접 그린 그림, 가족의 사진, 친구의 영상 같은 무엇인가를 NFT로 발행할 수 있을 것 같지 않나요?

모든 자산은 가치의 상승과 하락이 반복됩니다. NFT 또한 마찬가지입니다. 2021년은 '억' 소리 나는 경매가가 등장하는 등 NFT 시장이 급성장한 시기였습니다. 2022년은 급등했던 자산 시장이 위축되고, 거품이 꺼지면서 NFT 시장 역시 조정 과정을 거치고 있습니다. NFT를 변동성이 큰 투자 수단으로 바라본다면 이렇게 시장이 위축될 때마다 불안함을 느낄 수 있습니다. 그러나 NFT는 단순한 재테크 수단에 불과한 기술이 아닙니다. 지금이야말로 NFT의 무한한 가능성을 먼저 알아보고 어떻게 활용할 수 있을지 고민해 봐야 하는 시점입니다.

○ ● ○ ○ ○

NFT는
무엇인가?

디지털 콘텐츠의 소유권 증명서이자 등기권리증

오른쪽 그림은 빈센트 반 고흐Vincent van Gogh가 1889년에 그린 〈별이 빛나는 밤Starry Night〉 작품입니다. 위, 아래 이미지 중 어느 작품이 원본이고 어느 작품이 복사본일까요?

사실 두 이미지의 디지털 데이터는 완전히 똑같습니다. 어느 작품이 원본인지 복사본인지 구별할 의미조차 없지요. 이러한 특징 때문에 디지털 콘텐츠digital contents, 즉 디지털 아트·영화·음악 등에서

빈센트 반 고흐, <별이 빛나는 밤>, 1889

'가치 이슈'나 '소유 문제'가 불거지는 일이 많았습니다. 희소성이나 자산으로서의 가치가 있는지, 진짜 소유자가 누구인지 같은 논란인데요. 무제한으로 복제, 재생산이 가능하기 때문에 생겨난 문제들입니다. 그런데 드디어 이 태생적 한계를 해결할 수 있는 길이 열린 것입니다.

디지털 세상에서 원본을 구별해 주는 기술이 바로 NFT입니다. NFT가 디지털 데이터에 '희소성'을 부여해서 '자산 가치'가 생기는 것이지요. 디지털 콘텐츠에 NFT라는 옷을 입히면, 즉 NFT로 발행하면 '이것이 진짜이고, 하나밖에 없는 것이다'라고 증명할 수 있습니다. 그래서 디지털 콘텐츠의 가치가 생기고, 돈이 되고, 소유할 수 있고, 거래가 가능해집니다. 즉, NFT가 디지털 세상을 실제로 경제활동이 가능한 세상으로 만들어 주는 것입니다.

디지털 콘텐츠의 프로비넌스

프로비넌스Provenance는 미술품의 소장 이력을 기록한 문서를 말합니다. 작품이 탄생한 때부터 현재까지의 거래 이력이 기록되어 있습니다. 이는 미술 시장에서 미술품의 진위를 판단할 수 있는 중요한 근거 자료로 사용되며, 미술품의 가격 또는 가치를 결정하는 주요 요

소더비에서 진행된 <화이트 센터> 경매 모습

소로도 작용합니다.

　독일의 역사학자이자 작가인 필립 블룸Philip Bloom은 『수집: 컬렉터와 컬렉팅의 친밀한 역사To Have and to Hold: An Intimate History of Collectors and Collecting』라는 책에서 컬렉터는 미술 작품을 소유하면서 이전의 소유자들과 연결되고, 비밀의 일부가 된다고 하였습니다. 이처럼 유명한 컬렉터가 소장했거나, 색다른 소장 이력이 있으면 가치는 더욱 상승합니다. 데이비드 록펠러David Rockefeller(록펠러 3세)가 8,500달러(약 1,100만 원)를 주고 구매했던 미국 추상표현주의 화가 마크 로스코Mark Rothko의 <화이트 센터White Center_

저스틴 비버가 구매한 NFT <BAYC #3001>

일론 머스크가 구매한 NFT <BAYC #1837>

Yellow Pink and Lavender on Rose〉는 2007년 소더비 경매에 나오자 마자 7,284만 달러(약 946억 원)에 낙찰되었습니다. 당시 『뉴욕타임스』는 "록펠러라는 이름이 기적을 만들었다. 낙찰자는 작품과 함께 '록펠러'라는 이름도 샀다"고 보도하기도 하였습니다.

영국의 표현주의 화가 프랜시스 베이컨Francis Bacon이 연인이었던 조지 다이어George Dyer를 그린 그림을 세계적인 축구 선수 데이비드 베컴David Beckham이 소장하여 화제가 되기도 하였고요. 멕시코의 대표 작가인 프리다 칼로Frida Kahlo의 그림은 마돈나Madonna가 수집하면서 더 유명해졌습니다.

NFT는 '디지털 분산형 장부'인 **블록체인**Block chain에 모든 거래 이력이 자동으로 기록됩니다. 전 세계 컴퓨터에 기록되고, 실시간으로 복제되어 함부로 변조할 수 없고요. 그 내용을 누구나 열람할 수 있습니다. 이러한 특징 때문에 NFT로 발행된 디지털 아트는 위작 논란에서도 자유롭습니다.

블록체인은 누구나 열어 볼 수 있는 디지털 장부에 거래 내용을 투명하게 기록하고, 여러 컴퓨터에 분산하여 저장하는 기술을 말합니다. 데이터를 블록에 담아 체인 형태로 연결한다고 해서 블록체인으로 불립니다. 중앙 컴퓨터에 의존하지 않아 해킹 피해를 막을 수 있습니다.

디지털 아트 분야에서 NFT는 전통 미술 시장의 프로비넌스 역할을 합니다. 전통 미술 시장에서와 같이 NFT 시장에서도 좋은 소장 이력을 가진 작품이 더 비싼 가격에 판매될 수 있는 기틀이 마련된 셈이지요. BAYC(Bored Ape Yacht Club) NFT의 경우 일론 머스크

Elon Musk, 저스틴 비버Justin Bieber, 패리스 힐튼Paris Hilton 등의 유명인들이 소유하면서 세계적으로 주목받기도 하였습니다. NFT는 문서와는 달리 위조가 불가능하기 때문에 신뢰성과 안전성은 오히려 훨씬 높다고 할 수 있습니다.

대체 불가능한 '토큰'

NFT는 'Non-Fungible Token'의 약자로 '대체 불가능한 토큰'을 말합니다. 블록체인을 이용해서 만든 암호화폐cryptocurrency는 독자 블록체인 소유 여부에 따라 코인과 토큰으로 나뉩니다. 다시 말하면 코인은 비트코인Bitcoin이나 **이더리움**Ethereum 처럼 독자적인 블록체인 네트워크로 암호화폐를 만든 것이고요. 토큰은 독자적인 블록체인 네트워크 없이, 이더리움과 같은 기존의 블록체인 네트워크를 이용해 만들어진 암호화폐를 말하는 것입니다. NFT가 바로 여기에 해당하는 토큰이지요.

이더리움은 2015년 7월 30일 비탈릭 부테린Vitalik Buterin이 창안한 블록체인 플랫폼인 동시에 이 플랫폼의 자체 통화 이름입니다. 이더리움 블록체인은 자동 거래를 가능하게 하는 새로운 기술을 도입하여 2세대 블록체인으로 불립니다. 또한 이더리움 암호화폐는 비트코인과 함께 대표적인 암호화폐로 알려져 있습니다.

'토큰'하면 무엇이 떠오르나요? 1980~1990년대에 사용되었던 버스 토큰을 떠올리는 분도 있을 텐데요. 이때 토큰은 화폐 대신 사용할 수 있는, 동전처럼 생긴 것을 말합니다. '국가가 정한 통화를 대체하는 통화'라고 생각하면 됩니다.

전자화폐에서의 토큰도 크게 다르지 않습니다. 실물 화폐를 대체하는 어떤 것이지요. 기술적으로 살펴보면, 토큰은 블록체인 기반 위에서 생성되는 디지털 파일을 의미합니다. NFT는 이 디지털 파일에 ID와 같은 일련번호, 소유자 등 고유 코드가 부여되기 때문에 대체불가능한 토큰이라고 부르게 된 것입니다.

1980~1990년대 우리나라 시내버스 토큰

2000년대 '미니홈피'로 유명했던 싸이월드Cyworld의 '도토리'도 토큰으로 볼 수 있습니다. 도토리는 싸이월드가 자체 서비스를 활성화하기 위해서 발행한 사이버 머니cyber money입니다. 싸이월드 사용자는 도토리를 충전하여 미니홈피와 아바타를 꾸미고 배경음악도 넣었지요. 그런데 싸이월드 서비스가 중단되면서 사용자들의 사진, 음악, 도토리 등이 사라지게 되었습니다. 이것이 NFT와 가장 큰 차이점입니다. NFT는 블록체인에 기록되기 때문에, 다시 말하면 회사

의 중앙 서버에 저장되는 것이 아니라 여러 컴퓨터에 분산 저장되기 때문에 데이터가 사라질 염려가 없습니다.

기존의 데이터 저장 방식과 블록체인 방식의 차이

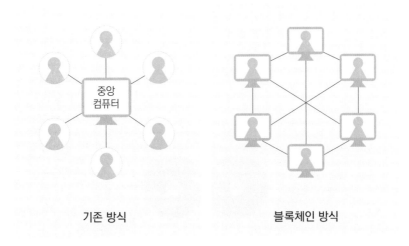

기존 방식   블록체인 방식

NFT의 구조 이해하기

NFT가 무엇인지 개념을 살펴보았으니 이제는 NFT가 어떻게 생겼는지 그 모습을 들여다보겠습니다. NFT는 미디어 데이터media data, 스마트 콘트랙트smart contract, 메타 데이터meta data, 이렇게 3개의

요소로 구성되어 있습니다. 첫 번째, 미디어 데이터는 크리에이터가 만든 원본 그림, 음악, 영상 등의 디지털 콘텐츠를 의미합니다.

두 번째, 스마트 콘트랙트는 디지털 콘텐츠를 누가 만들고, 누구에게로 소유권이 이전되었는지 등으로 구성되어 있는데요. '계약'을 뜻하는 콘트랙트contract라는 단어를 사용하지만 법률적 의미의 계약이라기보다는 실행 프로그램을 의미한다고 생각하면 되겠습니다. 1세대 블록체인(예: 비트코인)이 장부에 기록하는 것만 가능했다면, 2세대 블록체인(예: 이더리움)은 이 스마트 콘트랙트 기능이 더해진 것입니다. 덕분에 2세대 블록체인은 특정 조건이 만족되었을 때 자동으로 거래가 성립됩니다.

1세대 블록체인과 2세대 블록체인의 개념

1세대 블록체인	비트코인으로 대표되는 1세대 블록체인은 각각의 정보를 하나의 덩어리(블록)에 담아 디지털 파일 형태로 줄지어 연결(체인)한 것을 말합니다. 정보를 담은 블록은 10분에 하나씩 생성됩니다.
2세대 블록체인	2015년 7월에 등장한 이더리움을 2세대 블록체인이라고 합니다. 블록 생성 속도를 1분 이하로 개선하고, 정보를 담는 블록 크기를 늘렸습니다. 그리고 '스마트 콘트랙트'라는 새로운 기능이 추가되었습니다.

세 번째, 메타 데이터는 디지털 콘텐츠에 대한 상세한 설명을 담고 있습니다. 즉 디지털 콘텐츠의 제목, 작품 설명, 작가 정보, 원본 데이터가 저장되어 있는 인터넷 주소 등으로 구성됩니다. NFT를 구매할 때 이 메타 데이터에 어떤 정보가 있는지 살펴보는 것이 중요하겠지요.

NFT의 구조

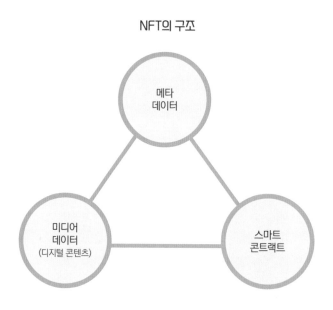

NFT의 3요소는 발행자의 결정에 따라 각기 다른 곳에 저장할 수 있습니다. 보통 미디어 데이터와 메타 데이터는 블록체인이 아닌 IPFS(Inter Planetary File System)와 같은 외부 분산형 저장 매체에

보관합니다. IPFS는 중앙 서버가 아닌 모두의 서버를 이용하는 클라우드 컴퓨팅cloud computing을 의미하고요. 나머지 스마트 콘트랙트만 블록체인에 보관합니다.

이렇게 NFT를 구성하는 요소들을 외부 저장 매체에 보관하는 이유는 무엇일까요? NFT의 모든 요소를 블록체인에 다 담으면 용량이 커지고, 전송 속도도 느려지면서, 수수료가 비싸지기 때문입니다. 따라서 NFT의 3요소 중 핵심 정보를 담고 있는 스마트 콘트랙트만 블록체인에 보관합니다. 여기에서 '온체인On Chain'과 '오프체인Off Chain' 개념이 나오는데요. NFT는 본래 블록체인에 담기는 것이라고 하였지요. 체인은 블록체인을 의미하고요. 온체인은 블록체인 안에 들어가 있다는 것이고, 오프체인은 블록체인 밖에 있다는 것입니다. 그래서 스마트 콘트랙트는 온체인에, 미디어 데이터와 메타 데이터는 오프체인에 보관한다고 말할 수 있습니다.

지금까지 NFT의 개념과 구성 요소를 살펴보았습니다. NFT는 2세대 블록체인을 이용해 만들어진 암호화폐로, 디지털 콘텐츠의 '소유권 증명서, 등기권리증'이자 '프로비넌스'라고 하였습니다. 무한 복제 가능한 디지털 콘텐츠의 태생적 한계를 NFT가 해결해 줄 수 있는 것이지요. 이러한 NFT는 원본 디지털 콘텐츠를 의미하는 '미디어 데이터', 특정 조건이 성립하면 자동으로 실행되는 '스마트 콘트랙트', 콘텐츠의 상세한 설명이 있는 '메타 데이터', 이렇게 3개의 요소로 이루어져 있고요. 일반적으로 미디어 데이터, 메타 데이터는 외부 분산형 저장 매체에, 스마트 콘트랙트는 블록체인에 저장됩니다.

NFT의
종류

NFT 대중화의 출발점, 아트워크 NFT

목적이나 특징에 따라 NFT의 종류를 분류해 볼 수 있는데요. 이 책에서는 현재 NFT 시장에서 가장 많이 통용되고 있는 단어로 몇 가지 NFT를 소개하고자 합니다.

먼저 아트워크artwork NFT는 말 그대로 미술 작품을 NFT로 발행한 것을 말합니다. 처음부터 디지털 아트로 작업하여 NFT로 발행하는 경우와 실물 작품을 스캔하여 NFT로 발행하는 경우(디지털 트윈

digital twin, 현실 세계 사물 등을 가상 세계에 구현한 것)가 있고요. 실물 작품과 NFT가 페어링pairing된 경우, 즉 실물 작품과 그 작품을 NFT로 만든 것을 함께 거래하는 경우 등 다양한 형태로 나타나고 있는데요. 예술이 NFT와 만나면서 기존 작가들은 새로운 실험을 통해 그들의 생각을 표현하고 있습니다.

영국의 현대미술가 데미안 허스트Damien Hirst는 2021년 7월 〈더 커런시The Currency〉라는 컬렉션을 발표하였습니다. 이 컬렉션은 1만 개의 NFT와 그에 상응하는 실물 작품으로 구성되어 있는데요. 구매자는 우선 NFT를 받습니다. 그리고 1년 안에 NFT와 실물 작품 중 어느 것을 소유할지 고르면 다른 형식의 작품은 사라집니다. 1만 명의 구매자 가운데 4,180명은 실물 작품을 선택하였고, 5,820명은 NFT를 골랐다고 합니다.

데미안 허스트는 전시회에서 선택되지 않은 실물 작품을 직접 불태우는 퍼포먼스를 선보였습니다. 그는 "실물을 태우는 것으로 작품을 NFT로 변환하는 작업을 완성하였다"고 말하였는데요. NFT 아트가 가치를 얻기 위해서는 그 자체가 유일한 원본 작품이어야 한다는 생각을 실행에 옮긴 것입니다. 이처럼 데미안 허스트는 2016년부터 〈더 커런시〉 컬렉션을 작업하며 NFT 아트에 관한 실험을 진행하였습니다. 현대미술 시장에서 NFT 아트의 존재감과 성장 가능성이 점점 커지고 있다는 것을 직접적으로 보여 준 사례라고 할 수 있습니다.

데미안 허스트의 〈더 커런시〉 NFT 작품 정보

　신원을 밝히지 않은 채 영국을 기반으로 활동하는, 얼굴 없는 화가 뱅크시Banksy 역시 2021년 3월에 NFT를 발행하면서 실물 작품을 불로 태우는 퍼포먼스를 진행했습니다. 〈모론즈Morons, 바보들〉이라는 실물 작품을 NFT로 발행하여 경매에 내놓고, 실물 작품을 불태우는 퍼포먼스를 온라인으로 생중계한 것입니다. 뱅크시는 "가상과 실물이 공존할 경우 작품의 가치는 실물에 종속되지만, 실물을 없애면 NFT 아트가 대체 불가의 작품이 된다"고 말하였지요.

　2006년에 제작한 〈모론즈〉은 고흐 작품의 경매 장면이 모티브입니다. 1987년 크리스티 경매에서 고흐의 작품이 약 3,630만 달러(약

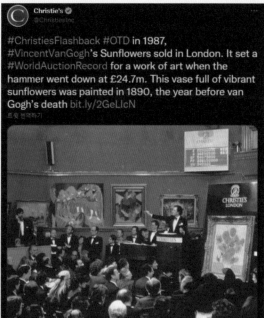

Christie's ✔
@ChristiesInc

#ChristiesFlashback #OTD in 1987,
#VincentVanGogh's Sunflowers sold in London. It set a
#WorldAuctionRecord for a work of art when the
hammer went down at £24.7m. This vase full of vibrant
sunflowers was painted in 1890, the year before van
Gogh's death bit.ly/2GeLlcN
트윗 번역하기

1987년 당시 고흐 작품의 경매 모습을 공개한 크리스티

뱅크시의 <모론즈> 작품을 불태우는 장면

471억 원)라는 역대 최고 금액으로 낙찰되었는데요. 뱅크시는 당시의 모습을 재현하면서 고흐의 그림 위치에 'I CAN'T BELIEVE YOU MORONS ACTUALLY BUY THIS SHIT이런 쓰레기를 사는 멍청이들이 있다는 걸 믿지 못하겠다'라는 문장을 써 놓았습니다. 예술을 자본화하는 미술 시장을 비판하기 위한 의도로 보이는 이 작품의 NFT는 약 38만 2,000달러(약 5억 원)원에 낙찰되었습니다. 고흐 작품만큼은 아니지만 억대의 비싼 가격에 팔렸다는 사실이 아이러니합니다.

이처럼 유명한 작가들의 작품이 NFT로 발행되면서 NFT 아트에 관한 대중의 관심도 한층 높아지고 있습니다.

수집의 즐거움, 컬렉션 NFT

NFT 시장에도 인간의 근원적 욕구인 수집욕을 자극하는 '컬렉션 NFT'가 있습니다. 대표적인 예로 큐리오 카드Curio Cards, NBA 탑 샷NBA Top Shots 등이 있는데요. NBA 탑샷은 NBA와 WNBA의 농구 경기와 선수들 최고의 장면을 NFT로 발행합니다. 또한 거래도 할수 있는 마켓플레이스(www.nbatopshot.com)입니다. 발행된 NFT를 '모멘트 Moment'라고 부르는데요. 이 모멘트는 디지털 트레이딩 카드Trading Card로, 수집도 하고 거래까지 가능합니다. (큐리오 카드는 이 책의 57쪽 「NFT 아트의 역사」 '최초의 NFT 아트 프로젝트: 큐리오 카드' 부분에서 자세히 살펴보겠습니다.)

트레이딩 카드란 스포츠 선수나 연예인의 사진, 애니메이션 캐릭터(예: 포켓몬스터) 이미지 등이 인쇄된 수집용 카드를 말합니다. 처음에는 단순한 수집용으로 시작되었는데요. 1993년 미국의 게임 디자이너 리처드 가필드Richard Garfield가 〈매직 더 개더링Magic The Gathering〉이라는 세계 최초의 트레이딩 카드 게임을 선보이면서 점점 발전하였습니다.

원래 NBA 카드는 미국에서 오랜 기간 동안 인기 있는 수집품이었

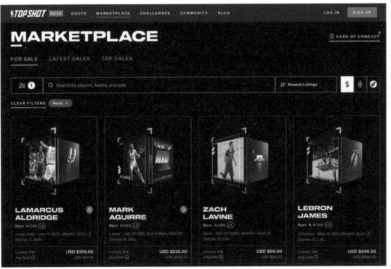

NBA 탑샷 마켓플레이스

습니다. 이런 NBA 카드의 NFT 버전이라고 할 수 있는 모멘트는 선수들의 하이라이트 동영상이기 때문에 기존의 종이 카드보다 리얼하고, 훼손될 염려도 없으며 간편하게 거래할 수 있습니다. 게다가 암호화폐뿐만 아니라 달러로도 결제가 가능하여 이용자들의 진입 장벽을 낮추었습니다.

좋아하는 분야의 카드를 수집하듯이 컬렉션 NFT를 모으다 보면 가치의 상승으로 경제적인 효과를 누릴 수 있기도 합니다. NFT 시장에 새로운 재미와 활기를 주는 NFT라고 할 수 있습니다.

경험의 제공, 유틸리티 NFT

유틸리티Utility는 사용성, 실용성, 효용성 등을 의미하는데요. 유틸리티 NFT는 구매자에게 혜택을 주는 NFT라고 이해하면 됩니다. NFT를 기반으로 한 혜택을 통해 다양한 경험을 제공하지요. 이러한 경험은 우리의 실생활뿐만 아니라 메타버스Metaverse와 같은 가상공간으로도 연결될 수 있습니다. 구매자가 NFT를 단순하게 소유하던 것에서 더 나아가 혜택을 얻고 경험하는 단계로 진화합니다.

유틸리티 NFT의 공통점은 커뮤니티가 그 기반으로 작용한다는 것입니다. 여기서 커뮤니티는 공동의 관심사를 가진 사람들의 집합체

정도로 볼 수 있습니다. 기업은 커뮤니티를 형성함으로써 브랜드의 생태계도 확장하고 진정한 팬들을 결집시킬 수 있지요.

유틸리티 NFT가 제공하는 혜택은 NFT를 구매하는 경우 다른 상품을 증정하거나 할인을 해 주고, 구매 우선권 등을 주는 것입니다. 유틸리티 NFT는 쇼핑, 백화점 등과 연관된 유통 기업이 많이 활용하고 있습니다. 대표적인 예로 신세계백화점의 푸빌라 NFT, 롯데홈쇼핑의 벨리곰BellyGom NFT, LG유플러스 무너Moono NFT 등이 있습니다. 롯데홈쇼핑은 사내 벤처 프로그램을 통해 자체 캐릭터 '벨리곰'

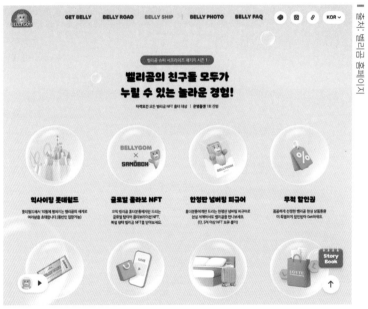

출처: 벨리곰 마이페이지

롯데홈쇼핑 벨리곰 NFT 홀더를 위한 다양한 혜택

을 출시하였는데요. 이 벨리곰 캐릭터를 2022년 8월에 NFT로 발행하여 9,500개 전량을 완판하였습니다. '벨리쉽Belly Ship'이라는 이름으로 벨리곰 NFT 홀더holder, 소유자들에게 롯데월드 입장권, 롯데 계열 호텔 할인 등 다양한 혜택을 제공하고 있지요.

게임 분야에서는 NFT 기술과 결합된 'Play to Earn(P2E, 게임을 하면서 돈을 번다)' 개념이 큰 인기를 얻었는데요. 내가 획득한 아이템, 캐릭터 등이 NFT를 통해 디지털 자산으로 인정받으면서 게임으로 돈을 벌 수 있게 된 것입니다. 게임 미션을 성공적으로 수행해서 얻은 아이템뿐만 아니라 게임 세상에서 쓸 수 있는 NFT를 만들어 파는 일도 가능해졌습니다. 시간과 재화의 소비 대상이었던 게임이 수입의 창구로 진화한 것입니다.

다양한 X2E 예시

	개념	대표적인 플랫폼
D2E	운전을 하며 보상을 받는 Drive to Earn	카립토, 모터시티, 캐롯멤버스 오토 등
S2E	잠을 자면서 보상을 받는 Sleep to Earn	슬립퓨처, 슬리파이 등
M2E	움직이면서 보상을 받는 Move to Earn	스테픈, 슈퍼워크, 스니커즈 등
W2E	보면서 보상을 받는 Watch to Earn	아레나캐스트, 셀러비 등
L2E	노래를 들으며 보상을 받는 Listen to Earn	뮤직앤캐시, 갈라뮤직 등

경제활동과 직접적인 연관성이 없어 보이는 활동으로 돈을 번다는 이 개념은 점점 널리 퍼지고 있습니다. 게임의 플레이Play에서 더 나아가 여러 가지 'X to Earn(X2E)'이 등장했습니다. X의 자리에 운동, 학습 등 다양한 경험이 적용되면서 체험형 NFT로 확장되고 있는 것입니다.

대표적인 예로 'Move to Earn(M2E)' 개념이 적용된 '스테픈STEP'N NFT가 있습니다. 스테픈 NFT는 2021년 12월 호주에서 유학 중이었던 베이징 출신 욘 룽Yawn Rong이 개발한 프로젝트로, 2022년 2월 국내에 정식 출시되었습니다. 스테픈 앱 이용자는 자신의 레벨에 맞춰 운동화 NFT를 구매합니다. 구매한 운동화 NFT를 장착하고 걷거나 뛰는 등 운동을 하면 자체 코인으로 보상을 받는데요. 획득한

운동화 NFT를 구매해서 운동을 하면 코인을 얻을 수 있는 STEPN 앱

코인으로 취향에 맞게 운동화 NFT를 업그레이드하거나 새 운동화를 제작할 수도 있고요. 현금화도 가능합니다.

지금까지 미술 작품을 NFT로 발행한 아트워크 NFT, 수집욕을 자극하는 컬렉션 NFT, 경험과 효용을 제공하는 유틸리티 NFT를 살펴보았습니다. NFT의 다양한 변신과 진화는 지금도 세계 곳곳에서 진행되고 있습니다. 이러한 노력은 NFT의 대중화를 가속화할 것입니다. 우리는 NFT 시장의 변화를 관찰하고, 어떻게 대응할지 고민해야 하겠지요. 앞으로 어떤 모습의 NFT가 나타날지, 그 이름은 어떻게 불릴지 기대가 됩니다.

NFT 아트의
개념

NFT와 아트의 운명적인 만남

크립토키티는 2017년 캐나다 블록체인 게임 개발사인 대퍼랩스 Dapper Labs가 만든 세계 첫 NFT 게임입니다. 이용자들은 다양한 고양이를 수집하고 교배하여 자신만의 희귀한 고양이를 만들어 낼 수 있습니다. 이 고양이를 암호화폐로 사고팔 수도 있는데요. 2017년 말에는 해당 게임 내 고양이가 11만 달러(약 1억 4,000만 원)에 거래되기도 하였습니다.

2021년 10월 『네이처Nature』 학술지에 발표된 「NFT 혁신 매핑」이라는 논문에 따르면 2018년 말 NFT 시장은 아트 분야, 특히 **크립토키티**Crypto Kitties 컬렉션이 주로 차지하였고요. 2019년 1월부터 2020년 7월까지는 NFT 시장의 총 거래 금액 중 90퍼센트를 아트(18%), 게임(33%), 메타버

Floozy Skookummoo
0.0032 ETH
Last sale: 0.002 ETH

Loki Whamlater
0.0032 ETH
Last sale: 0.0025 ETH

Nisse Maverickhickey
0.0032 ETH

Cecil Emobinky
0.0037 ETH

Cheeky Bluntsocks
0.0037 ETH

Colonel Waddlebuncle
0.0037 ETH

Guile Fiddledeebear
0.0037 ETH

Katu Gunkgah
0.0037 ETH

크립토키티 NFT 컬렉션

스(39%) 분야가 차지하였는데요. 2020년 7월 중순부터는 다시 NFT 아트 거래가 전체 거래 금액의 71퍼센트를 차지하였습니다.

NFT 아트가 NFT 시장을 주도한다고 단정하기는 어려울 수 있지만, 그래도 NFT를 널리 알리는 데 큰 역할을 하고 있는 것은 자명한 사실이지요. 미국의 가상화폐 데이터 분석 기관인 메사리Messari는 향후 10년간 NFT 아트 시장 규모가 100배 이상 성장할 것이라고 하였습니다.

그렇다면 'NFT 아트'란 무엇일까요? 어떤 것이든 디지털 파일로 만들어서 NFT로 발행하면 NFT 아트가 될 수 있을까요? 책을 쓰고 있는 지금 시점을 기준으로 NFT 아트를 설명해 보자면 'NFT로 발행한 예술 작품들의 집합체' 정도로 말할 수 있겠습니다.

예술 작품은 이 세상에 단 하나밖에 없습니다. 대체 불가능성, 희소성 등이 기본적인 속성이라고 할 수 있지요. 세계적인 철학자 발터 벤야민Walter Benjamin이 『기술 복제가 가능한 시대의 예술 작품』에서 제시한 '아우라Aura' 개념이 바로 이것입니다. 복제되지 않는 작품에서만 나오는, 원본에서만 느낄 수 있는 가치 말입니다. 우리는 인터넷을 통해 언제 어디서든 레오나르도 다 빈치Leonardo da Vinci가 그린 세기의 명화 〈모나리자Mona Lisa〉를 볼 수 있지만, 원본을 직접 보기 위해 프랑스에 있는 루브르 박물관으로 갑니다. 발터 벤야민은 기술의 발달로 예술 작품의 아우라가 소멸되었다고 하였는데요. 오히려 복제 기술 덕분에 귀족이 아닌 대중이 예술을 감상하고 즐기는 '예술의 대중화'가 이루어진다고 하였습니다.

NFT 역시 유일성, 희소성, 원본성이라는 특징을 가지고 있습니다. 무한 복제와 무제한 재생산이 가능한 디지털 아트를 NFT로 발행하면, 오리지널리티originality를 살리면서도 예술의 대중화를 실현할 수 있지 않을까요? (예술의 대중화에 관한 이야기는 이 책의 82쪽 「미술 시장의 새로운 해결사」 부분에서 자세히 다루겠습니다.)

NFT의 역사 자체가 짧기 때문에 NFT 아트를 어디까지 볼 것인지,

NFT 아트의 범위 역시 논의가 계속되고 있습니다. 그래서 이 책에서는 최대한 넓은 범위의 NFT 아트를 염두에 두고, NFT 아트를 어떻게 즐기고 활용할 수 있는지 이야기해 보려고 합니다.

사진, 그림, 영상 등 디지털 콘텐츠라면 무엇이든 NFT로 발행할 수 있습니다. 그렇게 등장한 수많은 NFT 아트가 NFT 시장의 저변을 넓혀 주었습니다. 실물 작품인 경우에는 스캔하여 NFT로 발행하거나, 실물 작품과 NFT를 페어링하는 등 다양한 시도가 나타나고 있습니다. 인류의 탄생과 함께 시작되었을 만큼 오랜 역사를 가진 예술과 최신의 기술인 NFT의 만남은 아이러니하게 느껴지기도 하지만, 결국 환상의 조합이 되지 않을까 생각해 봅니다.

NFT 아트를 향한 다양한 시선

예술계 안팎으로 NFT 아트에 대한 다양한 의견이 있습니다. 20세기 영국을 대표하는 팝아트 화가이자 세계적인 예술가인 데이비드 호크니David Hockney는 NFT 아트를 이해할 수 없다면서 NFT 투자에 앞장서는 사람들을 "국제적인 사기꾼들"이라고 하였지요. 비플의 〈매일: 첫 5,000일〉 작품에 대해서도 "한심한 작은 것들처럼 보였다. 무엇을 의미하는지 이해하지 못하겠다"라고 하였습니다. 회의론 입장에서는 예술적 가치 여부, 자본 지향적인 예술의 기술 등의 표현으로 NFT 아트에 의문을 제기하고 있습니다.

반면에 NFT 아트를 지지하는 입장에서는 신新르네상스, 서부 개척 시대 등이라고 표현하는데요. 작가와 컬렉터의 직거래, 로열티 royalty, 추급권 설정에 따른 작가의 권리 보장 등 NFT가 기존 미술 시장의 많은 문제를 해결해 줄 것이라고 이야기하고 있습니다.

NFT 아트에 대한 상반된 견해 모두 일리 있는 부분이 있습니다. 'NFT 아트가 새로운 형태의 예술 작품이다'라고 표현하기도 하는데, 이는 사실 어폐가 있습니다. NFT로 발행한다는 것은 예술 작품의 소유권 증명서, 등기권리증을 만들어 준다는 뜻입니다. NFT는 일종의 기술이지, 예술 작품 그 자체는 아닙니다. NFT 아트는 소유권 증명서, 등기권리증이 있는 디지털 아트라는 것이지요. 결국 NFT 아트의 본질은 디지털 아트입니다. 디지털 아트를 NFT로 발행한다고 해서 작품이 바뀌는 것은 아닙니다.

NFT 아트의 가치 판단을 이야기하려면 디지털 아트의 가치 판단을 이야기해야 합니다. 그러면 NFT 아트를 새로운 장르로 볼 수 있을까요? 아직은 그렇지 않습니다. 디지털 아트 장르에서 NFT로 발행한 작품과 NFT로 발행하지 않은 작품으로 분류되는 것이지요. 디지털 아트에 대한 가치 평가도 없이 단지 NFT로 발행되었다고 해서 비싼 가격에 판매되는 것은 우려되는 일입니다.

그렇다고 NFT가 시간이 지나면서 금세 사라질 기술은 아닙니다. NFT는 해결되지 못한 디지털 세상의 문제들을 처리할 수 있기 때문에 머지않아 인터넷, 스마트폰처럼 대중화되어 우리 일상생활에 자리 잡을 것입니다.

19세기 인상파의 대표 화가 중 한 명인 오귀스트 르누아르Pierre-Auguste Renoir는 "튜브 물감은 우리가 자연에서 그림을 그릴 수 있게 해 주었다. 만일 튜브 물감이 없었다면 모네, 세잔, 피사로… 그리고 인상주의도 없었을 것이다"라고 하였습니다. 1841년 미국의 화가 존 랜드John G.Rand는 스크루 캡screw cap(돌려서 여는 뚜껑)으로 밀봉하고 접을 수 있는 튜브를 개발하였습니다. 이전까지 화가들은 소·돼지의 방광이나 동물의 가죽으로 만든 주머니에 물감을 담았습니다. 뚜껑이 있는 튜브는 물감이 새지 않게 막아 주었고, 수명을 연장시켜 주었지요. 다시 말하면 튜브는 물감을 쉽게 저장하고, 운반하고, 재사용할 수 있게 하였습니다.

튜브 물감의 발명으로 화가들은 작업실을 벗어나 야외에서 그림을 그릴 수 있게 되었습니다. 빛과 함께 시시각각 달라지는 색채의 변화 속에서 자연을 표현하고, 눈에 보이는 세계를 그리려는 '인상주의' 발전에 결정적인 역할을 한 것입니다. 존 랜드의 튜브 물감은 미국과 영국에서 특허도 받았는데요. 영국의 윈저앤뉴튼Winsor & Neton사가 튜브 물감의 특허를 매입하여 대량 생산하게 되었다고 합니다.

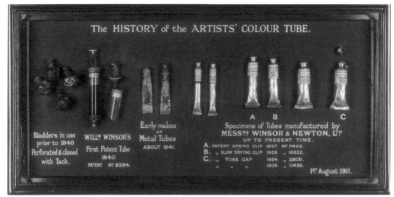

물감 튜브의 변천 과정(1840~1911년)

NFT는 이제 시작입니다. 디지털 아트를 NFT로 발행하면 원본성
과 희소성이 인정되어 거래가 가능해집니다. NFT의 등장은 작품 창
작뿐만 아니라 소유, 향유, 유통 등 미술 시장에 총체적인 변화를 가
져오고 있는데요. 시간이 지나면 그야말로 새로운 아트가 나올 수도
있지 않을까요? 튜브 물감의 발명은 미술의 역사를 바꾼 중요한 발명
중 하나로 언급됩니다. 훗날 NFT도 튜브 물감과 같은 평가를 받지
않을까 기대해 봅니다.

○ ○ ○ ○ ○ ●

NFT 아트의
역사

예술에 블록체인을 접목한 최초의 작품: 퀀텀

디지털 아트는 소유권과 원본을 증명하는 것이 어려우므로 예술의 가치도 인정받지 못한다는 문제 인식이 항상 거론되어 왔습니다. 이러한 태생적 한계를 극복하기 위하여 디지털 아티스트들은 다양한 방법을 모색해 왔는데요. 모니터에 전시하여 거래하는 방법, 서류를 통하여 리미티드 에디션limited edition을 만들어 거래하는 방법, 별도의 웹사이트를 개설하는 방법 등이 제시되었습니다. 다양한 대안

중에 삭제나 수정이 불가능한 블록체인이 예술가의 창작물을 보호할 수 있을 것이라는 아이디어도 있었던 것입니다. 이후 예술에 블록체인을 접목한 여러 가지 시도가 진행되기 시작하였습니다.

　2014년 디지털 아티스트인 케빈 맥코이Kevin Mccoy는 최초의 NFT 아트 중 하나로 여겨지는 〈퀀텀Quantum〉을 제작하였습니다. 맥코이는 개발자 애닐 대시Anil Dash와 함께 네임코인Namecoin 블록체인에서 작품을 발행하였는데요. 당시에는 NFT라는 명칭 대신에 '수익화된 그래픽Monetized Grahpics'으로 불렀다고 합니다. 참고로 2015년 7월에 2세대 블록체인 이더리움이 나왔고요. 그해 10월 이

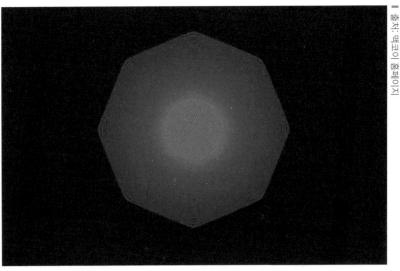

세계 최초의 NFT 아트 〈퀀텀〉

더리움 개발자 회의에서 NFT가 처음 언급되었습니다. 〈퀀텀〉은 7년이 지난 2021년 6월에 소더비Sotheby's 경매에서 140만 달러(약 18억 2,000만 원)에 낙찰되기도 하였습니다.

최초의 NFT 아트 프로젝트: 큐리오 카드

2017년 5월에 런칭한 큐리오 카드 NFT는 이더리움 블록체인에 소유권을 기록한 첫 번째 NFT 아트 프로젝트입니다. 역사적인 의미가 인정되어 2021년 10월 크리스티Christie 경매에서 약 130만 달러(약 16억 원)에 낙찰되었지요. 큐리오 카드는 온라인 아트갤러리 형식으로 런칭하였습니다. 오프라인 갤러리에서 작품을 전시하면 컬렉터들이 마음에 드는 것을 선택하여 구매하는 방식을 온라인에서 진행했다고 생각하면 될 듯합니다.

큐리오 카드는 7명의 작가가 그린 30개의 NFT 카드로 구성되었습니다. 예술과 기술의 만남을 기념하기 위하여 태초부터 디지털 아트 시대까지의 이야기로 디자인되었지요. 큐리오 카드의 작품 발행량은 각각 111~2,000개로 다양하며, 개별적으로 거래됩니다. 더 이상 새로운 카드가 나오지 않는다는 점에서 희소성이 높은 NFT라고 할 수 있습니다. 〈#26 Education〉 카드는 가장 희귀하며 111개만 발행되

출처: 큐리오 카드 홈페이지

큐리오 카드 NFT 중 가장 희귀한 <#26 Education>과
잘못 발행되어 오히려 가치가 높아진 <#17B>

었고요. 〈#17B〉 카드는 잘못 발행된 카드인데 오히려 가치가 높아졌
다고 합니다.

최초의 PFP NFT 프로젝트: 크립토펑크

2017년 6월에는 비주얼아트 스튜디오인 라바랩스Larva Labs에서
제작한 '크립토펑크Cryptopunk'가 등장하였습니다. 크립토펑크는
픽셀 아트로 이루어진 캐릭터 그림 NFT입니다. 캐릭터 요소별로 랜

최초의 PFP NFT 크립토펑크

덤하게 조합되어 남자 6,039개, 여자 3,840개, 좀비 88개, 유인원 24개, 외계인 9개 등 1만 개의 NFT가 탄생하였는데요. NFT 소유자가 프로필로도 사용할 수 있기 때문에 'PFP(Profile Picture) NFT'라고 불립니다. 크립토펑크는 최초의 PFP NFT라는 점에서 의미가 있습니다.

크립토펑크가 처음 나왔을 때는 주목을 받지 못하였습니다. 발행된 1만 개의 NFT 중에서 1,000개는 개발자가 소유하고 나머지 9,000개는 무료로 나누어 주었는데요. 무료로 발행되었음에도 불구하고 받은 사람은 극히 적었습니다. 그런데 몇 주 뒤 미국의 IT 전문 매체인 매셔블Mashable에서 크립토펑크가 가상 세계 디지털 작품의 큰 변화를 보여 준다고 언급하였습니다. 그 후 구매자가 크게 늘었고, 경매 낙찰가도 몇십억 원에 이르게 되었지요. 좀비, 유인원, 외계인 캐릭터는 발행 수량이 적기 때문에 '희소성'이 더해져 더 비싼 가격에 판매되고 있습니다.

크립토펑크와 같은 PFP NFT는 컴퓨터 알고리즘으로 랜덤하게 조합되는 '제너레이티브 아트Generative Art'에 해당합니다. 제너레이티브 아트는 프로그래밍을 어떻게 하느냐에 따라 결과가 다르게 나타나며, 어떤 작품이 나올지 예상할 수 없지요. 이러한 특성으로 전 세계에서 유일하게 나 혼자만 소유할 수 있는 캐릭터가 만들어지는 것입니다. NFT의 소장 가치와 지속성을 유지하기 위해서 관례적으로 1만 개 정도를 발행합니다. NFT 소유자만을 위한 커뮤니티를 만들면서 다양한 혜택을 제공하고요. 소유자들은 커뮤니티의 일원으로서 소속감과 자부심을 느끼게 됩니다.

NFT 어워드 최다 부문 수상의 주인공: BAYC

2022년 6월 세계 최대 NFT 콘퍼런스인 'NFT NYC'는 NFT 거래소인 오픈씨Opensea와 공동으로 '2022 NFT 어워드'를 진행하였는데요. BAYC가 가장 판매량이 많은 컬렉션, 가장 혁신적인 NFT 프로젝트 등 5개 부문에서 상을 받아 최다 부문 수상자가 되었습니다. Bored Ape Yacht Club(BAYC)은 말 그대로 '지루한 원숭이들의 요트 클럽'이라는 의미를 가지고 있고요. 2021년 4월 유가랩스Yuga Labs가 제작한 PFP NFT입니다.

BORED APE #0 BORED APE #1 BORED APE #2

BORED APE #3 BORED APE #4 BORED APE #5

2022 NFT 어워드에서 최다 부문을 수상한 BAYC

BAYC는 NFT 홀더를 중심으로 한 커뮤니티를 만들고 다양한 혜택을 제공하면서 빠른 속도로 성장하였습니다. 홀더만 구매할 수 있는 전용 상품, 전용 공간도 출시하였고요. 지루한 원숭이가 키우는 강아지를 NFT로 만든 BAKC(Bored Ape Kennel Club, 지루한 원숭이들의 켄넬 클럽), 국내 골퍼층을 겨냥한 BAGC(Bored Ape Golf Club, 지루한 원숭이들의 골프 클럽) KOREA NFT 등 후속 프로젝트들을 꾸준히 선보이고 있습니다. 저스틴 비버가 130만 달러(약 16억 8,000만 원), 마돈나가 57만 달러(약 7억 4,000만 원)이 넘는 BAYC를

5601
BACKGROUND: SS MONKE BIZ
FUR: BLACK
BACK: DEMON WINGS
EYES: PILOT GOGGLES
HEAD: WHITE HEADBAND
NECK: N/A
MOUTH: SMILING
FEET: LEG KNIFE

5211
BACKGROUND: SS MONKE BIZ
FUR: TRIPPY
BACK: BLUE PACK
EYES: CLOSED
HEAD: N/A
NECK: PINSTRIPE BANDANA
MOUTH: STACHE
FEET: N/A

7834
BACKGROUND: SS MONKE BIZ
FUR: CHEETAH
BACK: DOGGIE PACK
EYES: CYBERWARE
HEAD: N/A
NECK: N/A
MOUTH: BORED
FEET: FLIPPERS

지루한 원숭이가 키우는 강아지 NFT BAKC

BAYC의 최대 IP 홀더인 엘리트 에입스Elite Apes와
메타버스 패션 플랫폼 기업 알바타그룹ALTAVA GROUP이 협업하여 만든 BAGC

구매하기도 하였습니다. 유명 연예인들의 소유로 BAYC는 더욱 알려졌지요. 값비싼 NFT의 소유는 부를 과시하면서 취향과 정체성을 드러내는 도구가 되기도 합니다.

BAYC는 NFT 홀더의 생태계 확대에 적극적으로 참여하고 있습니다. NFT를 발행할 때 저작권까지 권리 범위에 포함하여 홀더가 상업적으로 활용할 수 있게 한 것입니다. 홀더는 자신이 소유한 BAYC 캐릭터로 티셔츠 등 다양한 제품을 만들어 판매할 수 있습니다. BAYC NFT 홀더는 캐릭터 자체의 가치 상승에 따른 수익뿐만 아니라 이를 활용한 새로운 제품을 통해 또 다른 수익도 창출할 수 있는 것이지요.

NFT 전문 미디어 NFT NOW는 "크립토펑크는 NFT의 규칙을 만들었고, BAYC는 판을 완전히 바꿨다"라고 평가하였습니다. 아마도 이들의 성공은 NFT가 등장하기 전부터 디지털 아트의 가치를 인정받기 위해 노력했던 수많은 아티스트의 새로운 시도와 다양한 실험의 연장선에 있는 것이 아닐까 합니다. 이제 값비싼 경매 소식에 현혹되지 말고, NFT의 진정한 가치에 대해 생각해 볼 시간입니다. 기존 아티스트들이 일궈 놓은 성장의 토대를 바탕으로 여러 프로젝트가 활성화되고 NFT 아트가 뿌리 깊게 자리 잡기를 기대해 봅니다.

NFT가 살아남을
수밖에 없는 이유

메타버스와 NFT는
공생 관계

4차 산업혁명과 코로나19를 경험하면서 전 세계가 디지털 세상으로 빠르게 변화하고 있습니다. 마이크로소프트Microsoft의 CEO 사티아 나델라Satya Narayana Nadella는 "코로나19로 인해 2년이 걸릴 디지털 전환이 2개월 만에 이루어졌으며, 조직은 모든 것을 원격으로 전환하는 능력이 필요하게 될 것이다"라고 하였습니다.

NFT는 이러한 디지털 세상에서 생기는 문젯거리들을 해결해 줄 수 있습니다. 이 책에서는 메타버스, 블록체인과 웹 3.0, 미술 시장, MZ세대, 일상생활, 이렇게 5개 측면에서 NFT가 살아남을 수밖에 없는 이유를 찾아보았습니다. 먼저 새로운 버전의 인터넷이라 불리는 메타버스에 관하여 이야기해 보겠습니다.

새로운 버전의 인터넷, 메타버스

미국 반도체 기업인 엔비디아NVIDIA의 CEO 젠슨 황Jensen Huang 은 "메타버스가 오고 있으며, 지난 20년이 놀라웠다면, 다음 20년 은 공상 과학 같을 것"이라고 언급하였고요. 미래학자 제임스 해밀 턴Roger James Hamilton은 "2024년 우리는 2D 인터넷 세상보다 3D 가상 세계에서 더 많은 시간을 보낼 것"이라고 예측하였습니다. 2020년 9월, 방탄소년단은 〈다이너마이트〉 안무 버전 뮤직비디오 를 미국의 에픽게임즈Epic Games사가 개발한 메타버스 플랫폼 포트 나이트Fortnite에서 전 세계 최초로 공개하였습니다. 같은 달에 블랙 핑크는 네이버에서 만든 메타버스 플랫폼 제페토Zepeto에서 가상 팬 사인회를 열었는데요. 참여자가 4,600만 명이나 되었다고 합니다. 이 제 메타버스는 먼 미래의 이야기가 아닙니다. 이미 우리의 세상 속에 자리 잡고 있습니다.

메타버스는 '초월'을 의미하는 메타META와 '세계'를 의미하는 유니 버스UNIVERSE의 합성어입니다. 마이크로소프트는 메타버스를 "새

메타버스 플랫폼 제페토에서 팬 사인회를 연 블랙핑크

로운 버전Version 또는 새로운 비전Vision의 인터넷"이라고 하였고요. 페이스북이 사명을 바꾼 메타는 메타버스를 "서로 다른 물리적 공간에 있는 사람들이 함께 상호작용할 수 있는 가상 공간의 집합체"라고 하였습니다. 이처럼 메타버스의 의미는 목적에 따라 다양하게 표현됩니다.

대표적인 메타버스로 **로블록스**ROBLOX, 제페토, 더 샌드박스 The Sandbox, 디센트럴랜드 Decentraland 등이 있습니다. 그중 미국의 청소년 절반 이상이 가입되어 있다는 로블록스는 메타버스 게임 플랫폼입니다. 그러나 단순히 게임만 즐

로블록스는 데이비드 바스주키 David Baszucki와 에릭 카셀Erik Cassel이 2004년에 공동으로 설립하였습니다. 이용자 스스로 자신만의 게임을 만들 수 있는 '로블록스 스튜디오Roblox Studio'가 출시되면서 빠르게 성장하였습니다. 로블록스에 따르면 2022년 12월 기준으로 일일 활성 사용자 수는 6,150만 명, 사용 시간은 47억 시간이라고 합니다. 미국 16세 미만 청소년의 55퍼센트 이상이 로블록스에 가입하고 있는 것으로 알려졌습니다.

기는 것이 아니라 게임을 비롯하여 개발, 교육 등 다양한 애플리케이션을 운영하는 거대한 온라인 크리에이티브 플랫폼이라고 할 수 있습니다. 이용자는 로블록스의 가상화폐인 로벅스Robux로 다양한 아이템을 거래할 수 있고, 환전하여 현실에서도 사용할 수 있습니다.

메타버스에는 실제 세상과 같이 건축, 패션, 미술 등 다양한 분야의 세계가 구축됩니다. 메타버스의 가장 큰 특징 중 하나는 사용자가 단순히 소비자로만 참여하는 것이 아니고, 생산과 판매도 직접 진행하는 프로슈머prosumer가 될 수 있다는 점입니다. 예를 들어 네이버의 제페토에서는 '스튜디오'라는 툴을 통해 사용자가 직접 아바타의 옷, 아이템을 만들 수 있고요. 판매도 할 수 있습니다. 2021년 12월 기준으로 16억 개 이상의 가상 패션 아이템이 판매되었다고 합

메타버스 플랫폼 로블록스

니다. 그런데 문제는 사용자가 열심히 만든 아이템을 누군가 쉽게 복제할 수 있다는 것입니다.

NFT는 무한 복제 가능한 디지털 콘텐츠에 원본임을 증명함으로써 자산 가치를 만든다고 하였습니다. 디지털 콘텐츠에 가치가 생기면 돈이 되고, 소유할 수 있고, 거래가 가능해지지요. NFT는 디지털 세상을 실제로 경제활동이 가능한 세상으로 만들어 줍니다. NFT가 메타버스의 토대를 마련하는 동시에, 메타버스의 대중화 역시 NFT 확산에 큰 역할을 하게 될 것입니다.

블록체인 기반의 메타버스와 NFT

메타버스와 NFT의 공생 관계는 블록체인 기반의 메타버스 플랫폼에서 이미 나타나고 있습니다. 대표적인 예로 '더 샌드박스'라는 메타버스를 들 수 있는데요. 블록체인 기반이라는 점에서 제페토나 로블록스 같은 메타버스와는 차이가 있습니다. 다시 말하면 제페토의 자산은 제페토 안에서만 이용할 수 있고, 서비스가 종료되면 사용자의 데이터는 사라집니다. 싸이월드처럼 말이지요. 반면에 더 샌드박스의 자산은 더 샌드박스 밖으로 가지고 나올 수 있습니다. 누구나 접근이 가능하고, 활용할 수 있는 자산이 됩니다. 더 샌드박스 서비스가 종료되더라도 데이터가 보존되는 것이지요.

　더 샌드박스에서는 모든 디지털 자산이 NFT로 발행되어 있습니다. 현실 세계에서 땅을 사는 것처럼 땅을 사서 소유할 수 있고요. 건물도 지을 수 있으며, 여러 가지 아이템도 만들 수 있습니다. 더 나아가 더 샌드박스 내의 마켓플레이스뿐만 아니라 NFT 거래소인 '오픈씨'에서도 사고팔 수 있습니다. BAYC, 크립토펑크, 사이버콩즈Cyber Kongz 등 여러 NFT 프로젝트와 협업하여 호환성도 확보해 나가고 있는데요. 협업하는 NFT를 가지고 있으면 아바타로 만들어 다양한 활동을 할 수 있습니다.

　디센트럴랜드 역시 대표적인 블록체인 기반 메타버스입니다. 더 샌드박스처럼 땅을 사서 건물도 지을 수 있고요. 교육, 전시, 경매 등 여러 분야의 세계가 구축되어 있습니다. 메타버스 시대로 들어서면서 전 세계의 다양한 기업이 메타버스에 진출하고 있는데요. 2021년 6월, 세계 최대 경매 회사인 소더비는 런던 뉴본드 스트리트 갤러리를 디센트럴랜드에 재현하였습니다. 디센트럴랜드 갤러리에서는 다양한 NFT 아트를 전시하고, 온라인 경매 이벤트도 진행하고 있습니다. 2021년 6월에 열린 경매에서는 크립토펑크 〈#7523〉 NFT가 1,175만 달러(약 152억 원)에 낙찰되었다고 합니다.

　인공지능, 블록체인, 클라우드 컴퓨팅 등과 같은 디지털 정보 기술 혁명이 메타버스 세상을 앞당기고 있습니다. 디지털 콘텐츠의 소유를

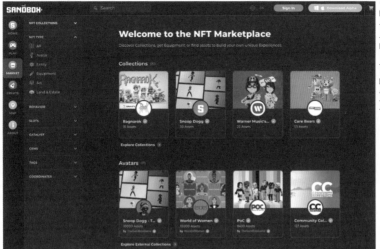

더 샌드박스 NFT 마켓플레이스

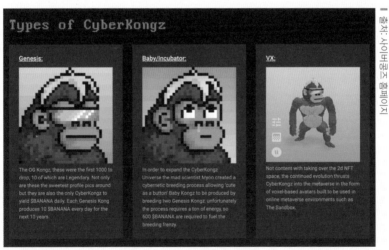

2021년 3월에 발행된 PFP NFT 사이버콩즈

증명하고 원본을 증명하는 NFT는 메타버스 내에서 수익을 창출할 수 있으며, 디지털 세상의 불안한 경제 체제를 단단하게 만들어 줍니다. 메타버스의 견고한 확장 역시 NFT의 대중화를 이끌 것이고요.

메타버스와 NFT는 떼려야 뗄 수 없는 관계입니다. 메타버스의 시대로 들어갈수록 NFT는 우리 생활 속에 깊숙이 자리 잡을 것입니다.

NFT의 뿌리,
블록체인과 웹 3.0

4차 산업혁명의 핵심 기술 블록체인

4차 산업혁명은 블록체인, 인공지능 등 디지털 기술을 기반으로 이루어지는 차세대 산업혁명입니다. 모든 사물과 사람을 연결하는 '초연결Hyperconnectivity'과 인간의 지능을 뛰어넘는 '초지능Superintelligence'이 대표적인 특징이지요. 〈2016 세계경제포럼〉에서 "4차 산업혁명은 생산 방식의 혁명뿐만 아니라 사회 전반에서 기존 사고방식의 틀을 깨뜨리는 파괴적 혁신 현상이다"라고 언급하였

사물인터넷은 세상의 모든 사물이 네트워크로 연결되어 서로 소통되는 기술 및 서비스를 말합니다.

고요. 블록체인, 인공지능, 빅데이터, **사물인터넷** IoT, Internet of Things 등을 4차 산업혁명의 주요 기술로 제시하였습니다.

〈유엔미래보고서 2050〉에서도 블록체인이 미래를 바꿀 10대 기술 중 하나라고 평가하였습니다. 블록체인은 금융, 교통, 에너지 등 거의 모든 산업 분야에 적용될 예정이라고 하는데요. 이러한 산업 분야의 체계와 구조를 근본적으로 바꿀 수 있는 혁신적인 기술로 전망되고 있습니다.

국내에서도 이미 블록체인을 기반으로 한 다양한 서비스가 진행 중입니다. 2018년 12월 농림수산식품부의 '블록체인 기반 축산물 이력 관리 시스템 시범 사업'은 전북 농가를 시작으로 전국 지방자치단체로 확대되고 있습니다. 사물인터넷 디바이스로 수집된 정보를 블록체인에 입력하고 사육, 도축, 포장, 판매 등 쇠고기 유통 단계별 이력 정보를 블록체인에 저장·공유하는 시스템 구축 사업입니다. 기존 시스템에서는 쇠고기 이력 신고 이전에 문제가 발생하면 이력 조회가 어렵다는 한계가 있었는데요. 블록체인과 사물인터넷을 기반으로 유통 경로를 추적하여 기존의 문제점을 해결할 수 있고요. 데이터 조작이 불가능하기 때문에 축산물 등급 분류의 신뢰도 높아질 수 있습니다.

그러면 4차 산업혁명의 핵심 기술 중 하나인 블록체인이란 무엇일까요? 블록체인은 분산형 데이터 저장 기술입니다. 데이터가 중앙 통제 기관이 아닌 네트워크 참여자들의 수많은 컴퓨터에 저장되어 '분산형'이라고 하며, '거래 내역'이라는 데이터를 저장하기 때문에 디지털 '장부'라고도 불립니다. 블록체인에서 '블록block'은 거래 정보가 담긴 단위를 말합니다. 이러한 블록들이 암호화되어 연결됨으로써 생성되는 집합체가 블록체인입니다. 2008년 비트코인 창시자로 알려진 사토시 나카모토Satoshi Nakamoto가 발표한 논문에서 처음으로 소개되었지요.

블록체인의 주요 이점은 다음과 같습니다. 첫째, 데이터를 임의로 변경하거나 삭제할 수 없기 때문에 영구적입니다. 블록 단위로 생성되는 거래 기록을 여러 사람에게 분산 저장하여 누구나 열람할 수 있습니다. 네트워크 참여자의 모든 블록체인을 동시에 해킹하는 것은 사실상 불가능하지요. 둘째, 탈중앙화된 분산 네트워크를 통해 거래자 간의 직거래가 이루어지고요. 거래 과정에서 발행하는 다양한 수수료를 절약할 수 있게 됩니다. 이러한 특징을 통해 온라인 세상에서 '신뢰'가 부여되고 보안이 강화된다고 볼 수 있습니다. 더 나아가 네트워크 참여자들의 역할을 중시하여 중앙집권식이 아닌 수평적인 체계를 지향한다는 점에서 의의가 있습니다.

이렇게 주목받는 블록체인을 기반으로 한 기술이 바로 NFT입니다. NFT는 블록체인의 장점을 모두 품고 있지요. 다만 모든 블록체인을 그 기반으로 하는 것은 아닙니다. 스마트 콘트랙트 기능이 있는 2세대 블록체인만 가능합니다. 주로 이더리움 블록체인을 기반으로 하고 있는데요. 발행된 NFT 대부분이 이더리움 기반 블록체인을 이용하다 보니 이더리움의 가치도 상승하였습니다. 스마트 콘트랙트 기능을 갖춘 2세대 블록체인에서는 조건만 성립되면 자동으로 거래가 체결됩니다. '계약'을 뜻하는 콘트랙트는 거래를 성립시키고 검증하는 과정을 이행하는 실행 프로그램을 의미합니다.

사용자 중심의 웹 3.0 시대

웹은 월드 와이드 웹world wide web(www)의 줄임말입니다. '웹 1.0의 시대'라고 불리는 1990년대에는 자료를 검색하고 조사하기 위해 인터넷을 이용하였는데요. 단순히 인터넷에 있는 정보를 소비하는 형태로 일방적인 소통이 이루어지던 시대였습니다. 2000년대 초부터 현재까지는 '웹 2.0 시대'라고 합니다. '참여' '공유' '개방'을 키워드로 유튜브, 블로그, 인스타그램 등의 많은 서비스가 탄생하였는데요. 인터넷 사용자가 직접 콘텐츠를 만드는 데 참여하며 소통을 통해 자료를 공유하고 개방하는 형태를 보입니다. 거대한 플랫폼 기업이 등장하여 정보와 권력을 독점하는 시대이기도 합니다.

웹 2.0의 한계를 극복하기 위해 블록체인 등의 기술을 활용하고 탈중앙화, 소유 등의 개념을 접목한 것을 '웹 3.0'이라고 부릅니다. 사용자 맞춤형 서비스가 제공되는 인터넷의 시대라고 볼 수 있는데요. 플랫폼 중심에서 콘텐츠와 크리에이터 중심으로 넘어오는 것입니다. 데이터를 사용자가 직접 소유하고 관리하는 것이지요. 콘텐츠의 보안 강화와 소유권 인정을 핵심 토대로 하고 있어 블록체인과 NFT가 웹 3.0을 구현해 주는 중요한 기술이 됩니다. 개인 간의 직거래가 가능하고, 스마트 콘트랙트를 통해 자동으로 거래가 성립되기 때문에 웹 2.0 시대에 머무르는 플랫폼은 설 자리를 잃게 되겠지요.

웹 3.0 시대의 조직이라고 불리는 다오DAO, Decentralized Autonomous Organization도 잠깐 살펴보겠습니다. 다오는 '탈중앙화된 자율 조직'이라는 의미입니다. 운영 주체가 되는 중앙 기관 없이 구성원 모두가 의사 결정에 관여합니다. 구성원은 다오에 투자함으로써 투표권을 갖고 조직 운영에 참여하지요. 다오는 블록체인에 기반한 스마트 콘트랙트로 운영됩니다. 조직의 규칙이 블록체인에 저장되기 때문에 누구라도 볼 수 있게 투명하게 공개되며, 실행되기 시작하면 조작이나 변경이 불가능합니다. 다만 아직은 국내에서 법적인 지위가 인정되지 않는 등 여러 논란이 있는데요. 문제점을 보완하고 진화하면서 다양한 다오가 계속 등장하고 있습니다.

2022년 1월 간송미술문화재단은 재정난을 이유로 국보 2점을 경

국보 다오 사이트

매에 내놓습니다. 당시 국내 가상자산 투자자들이 '국보 다오'를 만들어 NFT를 발행하는 방식으로 자금을 모으려고 했는데요. 목표 금액을 달성하지 못하여 경매 참여는 불발되었습니다. 이후 싱가포르 블록체인 개발사 볼트랩스가 '헤리티지 다오Heritage DAO'를 구성하여 국보 2점 중 하나인 금동삼존불감(국보 73호)을 25억에 매입합니다. 크라우드펀딩 플랫폼 주스박스Juicebox에서 암호화폐로 자금을 모집하였고, '헤리티지다오토큰(HDAO)'도 발행하였습니다. 국보를 다시 팔 수 없게 하기 위하여 과반이 넘는 지분(51%)을 간송미술문화재단에 기부하는 동시에 관리와 보관까지 맡김으로써 이슈가 되었습니다.

4차 산업혁명의 근간이 되는 블록체인 기술의 확산과 웹 3.0 시대로의 전환은 NFT가 대중화될 수밖에 없음을 보여 줍니다. 블록체인은 비트코인 같은 암호화폐뿐만 아니라 금융, 보험 등 '신뢰'가 필요한 모든 산업 분야에 활용될 수 있는 무한한 확장 가능성이 있지요. 이 블록체인을 기반으로 NFT 기술 또한 다양한 역할을 할 수 있습니다. 블록체인과 NFT 기술 덕분에 사용자 중심인 웹 3.0 시대는 빠르게 자리 잡을 것입니다. 이러한 흐름에 발맞추어 웹 3.0 시대에 블록체인과 NFT가 우리 삶을 어떻게 바꿀 것인가 전망해 보아야 합니다. 우리는 이 새로운 기술을 어떻게 활용할 수 있을까요?

웹 시대별 특징

웹 1.0	웹 2.0	웹 3.0
주로 정보 검색의 용도로 사용하였던 이전 시대의 인터넷을 말합니다. 네이버, 다음, 야후, 네이트 등 정보를 제공하는 포털 웹사이트들이 이 시기에 생겨났습니다.	인터넷 사용자의 직접적인 참여로 쌍방향 소통이 가능해진 현시대의 인터넷을 말합니다. 다양한 소셜 플랫폼의 등장으로 누구나 직접 콘텐츠를 만들고 공유하며 소통할 수 있게 되었습니다. 사용자가 올린 콘텐츠는 플랫폼 제공 기업의 중앙 서버에 저장됩니다.	사용자 맞춤형 서비스가 제공되는 미래 시대의 인터넷을 말합니다. 블록체인 등의 기술 도입으로 데이터를 분산 저장하는 탈중앙화를 실현할 수 있습니다. 사용자가 데이터를 직접 소유하고 관리할 수 있어 해킹에 취약한 웹 2.0의 단점을 보완합니다.

○ ○ ● ○ ○

미술 시장의
새로운 해결사

위작 논쟁과 작가의 권리 보장

2007년 5월, 당시 기준으로 국내 미술품 경매 사상 최고가의 작품이 나왔습니다. 바로 박수근의 〈빨래터〉인데요. 국내 경매 전문 회사인 서울옥션이 진행한 경매에서 45억 2,000만 원에 낙찰된 것입니다. 그런데 2008년 1월 『아트레이드』라는 미술 잡지에서 위작 의혹을 제기하면서 논란에 휩싸였습니다. 서울옥션은 『아트레이드』를 상대로 손해배상 소송을 제기하였지요. 2009년 11월 법원이 "〈빨래터〉가 진품인 것으로 추정되지만, 위작 의혹을 제기한 것은 정당하다"라고 판결함으로써 위작 논란은 일단락됩니다.

미술품의 위작 논란은 국내외 미술 시장에서 끊임없이 제기되고 있습니다. 그림을 위조하고 바꿔치기하는 등 진품으로 둔갑한 가짜 작품은 미술품의 유통 질서를 어지럽히고, 장기적으로는 구매 수요를 감소시켜 미술 시장의 발전을 저해할 수 있는데요. NFT 기술이 적용된 디지털 아트라면 이러한 논란에서 자유로울 수 있습니다.

NFT를 발행할 때는 작가의 이름을 입력해야 합니다. 블록체인에 기록되기 때문에 누군가 삭제하거나 변경할 수 없습니다. 이렇게 NFT 아트는 작품의 진위와 출처에 대해 정확성을 갖게 됩니다.

NFT 기술은 작가와 구매자를 직접 연결합니다. 작가가 직접 NFT 아트를 발행할 수 있고, 판매금도 작가의 암호화폐 지갑으로 바로 들어갑니다. 중간 유통 단계인 갤러리에게 가는 수수료를 아낄 수 있지요. 기존 미술 시장에서는 작가의 경력과 각 갤러리의 정책에 따라 다르지만, 일반적으로 작품 판매 가격의 40~60퍼센트 정도가 갤러리 수수료입니다. NFT 아트의 등장으로 전통 미술 시장의 갤러리들은 사라지기보다는 새로운 역할을 찾고 다양한 가능성을 모색할 것으로 보입니다.

NFT 아트로 촉발된 직거래는 작가와 구매자 사이의 유대감 형성에도 기여합니다. 작가와 구매자가 직접적으로 소통할 수 있어 관계가 더욱 깊어진다고 볼 수 있지요. 작가는 작품이 재판매되어도 지속해서 자기 작품을 접할 수 있으며, 구매자의 반응도 바로 확인할 수 있게 됩니다.

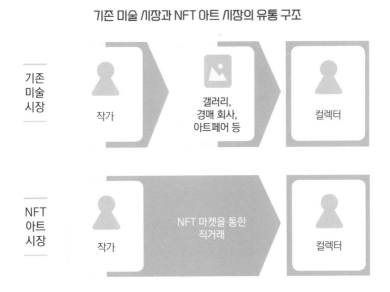

기존 미술 시장과 NFT 아트 시장의 유통 구조

작가는 작품의 재판매가 이루어질 때 로열티를 받을 수 있습니다. NFT로 발행할 때 로열티가 영구적으로 자동 정산되게 설정할 수 있는데요. 보통 판매금의 10퍼센트 정도입니다. NFT의 로열티 설정 기능은 기존의 불투명한 거래 과정에서 창작자가 배제되고 소외되는 문제를 해결해 줍니다. 실물 작품의 경우 재판매에 대한 로열티를 정산하는 것이 어려웠습니다. 언제, 어디에서, 누가 작품을 거래하는지 거래 과정을 추적하는 일이 사실상 불가능하기 때문이지요. 또한 미술품 가격은 시간이 지나면서 상승하기 마련인데, NFT 아트는 이 가치 상승분에 대해서도 작가의 권리를 지속해서 보장받을 수 있습니다.

미술 시장에서 주로 벌어지는 법적 논쟁 몇 가지가 있습니다. 위작 논란, 소유권 분쟁, 소장 이력 문서(프로비넌스) 위조 등입니다. 그러나 블록체인에 기반한 NFT 아트라면 이러한 법정 논쟁이 생겨날 일이 별로 없습니다. NFT가 미술 분야에서 불거질 수 있는 다양한 문제를 해결하게 될 것이라는 예측이 가능해지는 이유입니다.

이렇게 NFT의 등장은 작품 창작뿐만 아니라 소유, 향유, 유통 등 미술 시장에 총체적인 변화를 가져오고 있는데요. NFT는 미술 시장에서 또 어떤 문제를 해결할 수 있을까요?

문화 민주주의 실현과 미술 시장 저변 확대

NFT는 기존 미술 시장에서 꾸준히 제기되는 불평등 및 불균형 문제를 해결할 수 있는 열쇠가 됩니다. 또한 NFT 아트를 통해 새로운 생산자(작가)와 소비자(구매자)가 늘어남으로써 미술 시장의 저변이 확대되고 있습니다.

갤러리, 경매 회사 등 미술계의 내부자 위주로 관련 정보가 공유되면서 미술 시장을 배타적이고 폐쇄적으로 만드는 경향이 있었지요. 그런데 NFT 덕분에 누구나 미술 작품을 제작하고 향유할 수 있는 기회가 확대되었습니다. 갤러리를 통하지 않아도 쉽게 작품에 대한 증명서를 만들고 거래할 수 있습니다. 이로 인해 작가와 구매자의 직거래가 손쉬워지면서 기존 미술 시장에서는 기회를 얻기 어려웠던 신진 작가들에게도 새로운 활동 가능성이 열렸습니다. 역시나 갤러리를 통하지 않아도 얼마든지 작품을 대중에게 공개할 수 있게 되었지요. 이처럼 NFT 아트가 미술 시장의 진입 장벽을 낮춰 주었기 때문에 다양한 영역의 창작자가 NFT 아트 시장에 진입하여 생산층이 넓어졌습니다.

온라인으로 쉽게 미술품을 구매할 수 있어 구매층도 다양해졌습니다. 여러 개의 NFT로 변환하여 미술품을 공동으로 구매하고 공동으로 소유하는 방식은 미술품 투자 비용을 낮추었습니다. 자산가가 아니라도 비싼 미술품을 소유할 수 있게 된 것입니다. 2021년 억대의 NFT 아트 경매를 시작으로 암호화폐 시장의 수집가 등 다양한 분야의 사람들이 미술 시장으로 유입되기도 하였습니다. 더 나아가 이들은 NFT 아트를 구매하는 것에 그치지 않고 근현대 미술 작품까지 구매하고 있습니다.

비플의 작품 경매에 참여한 40명 이상의 응찰자 중 오직 3명만이

출처: 프리즘 홈페이지

NFT 공동구매 플랫폼 프리즘prysm

크리스티 경매 회사의 기존 고객이었고요. 그 외는 모두 신규 고객이었습니다. 일례로 비플 작품 경매에 참여했던 블록체인 플랫폼 트론Tron의 창시자 저스틴 선Justin Sun은 NFT 아트 대신 파블로 피카소Pablo Picasso의 〈목걸이를 차고 누워 있는 나체의 여인(마리테레즈)Femme nue Couchee au collier(Marie-Therese)〉과 앤디 워홀Andy Warhol의 〈3개의 자화상Three Self Portraits〉을 크리스티 경매에서 구매하였다고 합니다.

디지털 네이티브
MZ세대의 등장

MZ세대는 1980~1994년에 출생한 밀레니얼millennial 세대(M세대)와 1995~2005년에 출생한 Z세대를 통칭하는 인구 집단을 의미합니다. MZ세대는 2020년 기준 1,629만 9,000명으로 총인구의 32.5퍼센트를 차지하는데요. 국내 인구의 약 3분의 1에 해당하는 MZ세대는 생산과 소비의 주체로 부상하며 트렌드를 이끌어 가고 있습니다. 글로벌 컨설팅 회사 베인앤컴퍼니Bain & Company의 〈글로벌 럭셔리 시장 리포트〉에 따르면 2025년 럭셔리 시장 매출의 70퍼센트가 MZ세대에서 나올 것이라고 합니다. 전 세계적으로 MZ세대는 미래의 소비 주축으로 관측되고 있음을 알 수 있습니다.

　이러한 현상은 국내외 미술 시장에서도 두드러집니다. 세계 최대의 아트페어Art Fair인 아트바젤Art Basel과 스위스의 금융 기업 UBS가 공동으로 발표한 〈2021 미술 시장 보고서〉에 따르면 미국, 영국, 중국을 비롯한 10개국 고액 자산가 컬렉터 2,569명 중 56퍼센트가 MZ세대로 나타났습니다. 예술경영지원센터에서 발간한 〈2021 한국 미술시장 결산 컨퍼런스〉 자료집에 따르면 2021년 한국 미술 시장 규모를 약 9,223억 원으로 예측하였는데요. 그 중심에는 MZ세대의 등장이 있었습니다. 2021년 동안 서울옥션의 40대 신규 회원은 전년 대비 87퍼센트, 20~30대는 82퍼센트 증가하였지요. 케이옥션에서 낙찰받은 고객을 연령대별로 분석한 결과 31퍼센트가 40대, 21퍼센트가 30대였습니다. 20대까지 포함하면 전체 낙찰자의 56퍼센트가 MZ세대였다고 합니다.

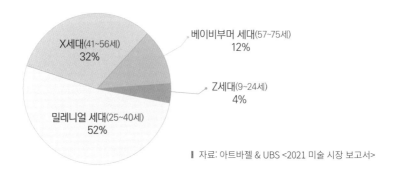

10개국 고액 자산가 컬렉터 연령대 비율

X세대(41~56세)
32%

베이비부머 세대(57~75세)
12%

Z세대(9~24세)
4%

밀레니얼 세대(25~40세)
52%

❙ 자료: 아트바젤 & UBS <2021 미술 시장 보고서>

그렇다면 MZ세대는 대체 어떤 특징을 가지고 있기에 NFT가 살아남을 수밖에 없는 이유가 될까요?

포노 사피엔스와 디지털 네이티브

'포노 사피엔스Phono Sapiens'는 스마트폰Smartphone과 호모 사피엔스Homo Sapiens의 합성어로, 스마트폰을 신체의 일부처럼 사용하는 세대를 의미합니다. 2015년 영국의 경제주간지 『이코노미스트 The Economist』에서 처음으로 언급되었는데요. 스마트폰으로 시공간의 제약 없이 원하는 지식과 정보를 쉽고 빠르게 얻는 특성이 있습니다. MZ세대는 스마트폰 기반의 디지털 생활에 익숙한 세대로 포노 사피엔스에 해당합니다. 스마트폰과 디지털 기기를 자유자재로 다룬다는 의미에서 '디지털 네이티브Digital Native'라고도 불립니다. 이러한 MZ세대이기에 새로운 NFT 기술도 기성세대보다 좀 더 익숙하게 받아들일 수 있었던 것입니다.

MZ세대의 미술 시장 진입은 온라인화와 관련이 깊습니다. 코로나19로 인해 온라인 전시, 온라인 경매, 온라인 뷰잉 룸Online Viewing Room(OVR) 등 미술 시장의 채널이 변화되었는데요. 2020년 기준 신규 구매자의 82퍼센트가 온라인을 이용했으며, 이는 전년 대비

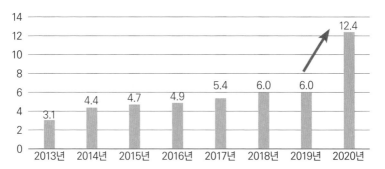

온라인 미술 시장 규모(2013~2020년, 거래액 기준)

단위 : 10억 달러

자료: 아트바젤 & UBS

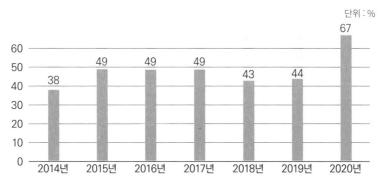

연간 온라인 미술품 구매자 비율(2014~2020년)

단위 : %

자료: 히스콕스Hiscox

36퍼센트 증가한 수치입니다. 그중 밀레니얼 세대의 미술품 구매자의 69퍼센트가 온라인으로 작품을 구매한 것으로 나타났습니다. 이러한 온라인 미술 시장으로의 진입은 NFT 아트를 접할 기회와 연결될 수밖에 없겠지요.

취향과 플렉스

MZ세대는 자신의 개성과 행복을 중시하는 소비 특성이 있습니다. 취향에 부합한다면 아낌없이 소비합니다. 이러한 MZ세대의 소비 특성은 NFT 아트의 희소성과 특별함이라는 특징과 잘 맞아떨어집니다.

소위 '플렉스Flex'로 불리는 MZ세대의 과시 행위는 크립토펑크, BAYC, 메타콩즈Meta Kongz 등과 같은 PFP NFT 구매로 이어졌습니다. PFP NFT는 컴퓨터 알고리즘으로 랜덤하게 조합되는 제너레이티브 아트에 속하는데요. SNS상에서 프로필로도 사용할 수 있습니다. 고가의 NFT를 구매하여 자신의 취향과 부를 과시하는 동시에 정체성을 드러낼 수 있는 것입니다.

WELCOME TO THE BORED APE YACHT CLUB

BAYC is a collection of 10,000 Bored Ape NFTs—unique digital collectibles living on the Ethereum blockchain. Your Bored Ape doubles as your Yacht Club membership card, and grants access to members-only benefits, the first of which is access to THE BATHROOM, a collaborative graffiti board. Future areas and perks can be unlocked by the community through roadmap activation.

PFP NFT BAYC

사이버콩즈에 영감을 받아 2021년 12월에 출시된 국내 PFP NFT 메타콩즈

불안한 미래의 새로운 투자처

플렉스라는 과시적인 소비 행위의 이면에는 노동 수익만으로는 부를 축적하기 어렵다는 불안한 심리 또한 존재합니다. 고물가·저성장의 시대를 살아가는 MZ세대는 불안한 미래에 대비하는 수단으로 저축보다 투자에 관심이 많습니다. 이러한 특징은 주식, 부동산, 암호화폐 등 다양한 재테크 열풍을 불러일으켰습니다. 저금리를 극복할 새로운 투자처를 찾는 것이지요. MZ세대는 유튜브, 블로그 등 온라인을 통해 금융 정보를 빠르게 얻고 받아들입니다. 금융사들이 온라인 서비스를 제공하면서 접근도 쉬워졌지요.

MZ세대의 제테크 열풍은 NFT 투자로도 이어졌습니다. 데이터 조사 기관인 피플세이Piplsay에 따르면, 미국의 밀레니얼 세대 중 41퍼센트가 NFT를 구매한 경험이 있고 영국은 45퍼센트가 NFT 구매 경험이 있다고 합니다.

처음에는 NFT의 개념조차 생소하였지만, 높은 가격을 기록한 경매 소식은 NFT 아트를 충분히 새로운 투자 수단으로 인식하게 하였습니다.

커뮤니티에서의 다만추·후렌드

통신사인 LG유플러스는 '무너'라는 캐릭터를 개발하여 NFT를 발행하고 커뮤니티를 만들었습니다. 무너는 '눈치 보지 않고 할 말 다하며, 하고 싶은 일이 많은 사회초년생'이 콘셉트입니다. MZ세대를 타깃으로 하였지요. NFT의 소장 가치와 지속성을 유지하는 것이 무엇보다 중요하기에 홀더들이 서로 소통할 수 있는 커뮤니티를 확보하는 일은 필수였습니다.

LG유플러스가 개발한 무너 캐릭터

MZ세대의 특징을 표현하는 용어 중에서 '다만추' '후렌드'라는 신조어가 있습니다. 다만추는 다양한 삶과 만남을 추구한다는 뜻이고, 후렌드는 후who와 프렌드friend를 합친 말로 온라인에서는 누구와도 친구가 될 수 있다는 의미입니다. 대표적인 예로 SNS에서 말하는 소위 '인친(인스타그램 친구의 줄임말)'을 들 수 있습니다. 서로 통하는 부분이 있으면 익명의 상대와도 금세 친구가 됩니다. 이러한 특성은 온라인에서의 커뮤니티 확장으로 이어졌고요. NFT 시장의 빠른 성장에도 크게 기여했습니다. NFT의 태생 자체가 커뮤니티에 기반하고 있기 때문입니다.

NFT의 바탕이 되는 블록체인은 탈중앙화, 다시 말하면 사람들 다수의 연결로 뒷받침되는 기술입니다. NFT와 커뮤니티의 관계는 애초부터 필연적이라고 할 수 있지요. 커뮤니티가 구축된 NFT를 구매하면 소속감과 자부심을 느끼게 됩니다. 단단한 결속력과 함께 다양한 혜택도 제공받을 수 있습니다.

NFT의 거품이 꺼지는 시기라고 전망되었던 2022년 5월에 발행한 무너 NFT 300개는 판매 시작 2초 만에 완판되었습니다. 이어서 9월 5일에 발행한 NFT 1,000개도 100초 만에 완판되었지요. 이러한 성과는 MZ세대의 특징과 커뮤니티의 중요성을 잘 파악한 결과로 분석됩니다.

찰스 핸디Charles Handy는 『코끼리와 벼룩The Elephant and the Flea』이라는 책에서 "신기술의 변화는 35세가 되기 전까지는 우리를 흥분시키는 데 반해 35세 이상은 당황하고 난처하게 만든다"고 하였습니다. 국민의 3분의 1을 차지하는 MZ세대는 활발한 경제활동으로 시장에 강한 영향력을 미치고 있습니다. 신기술에 반응하는 MZ세대는 자유자재로 디지털 기술을 활용하고, 취향을 소비하며, 커뮤니티 활동이 생활화되어 있습니다. MZ세대 덕분에 NFT의 대중화를 기대해 볼 수 있지 않을까요?

○○○○●

일상에서의
무한한 확장 가능성

2022년 3월 방탄소년단 콘서트가 서울에서 2년 반 만에 개최되었습니다. 콘서트 티켓의 원가는 최고 22만 원이었는데요. 티켓이 순식간에 매진되면서 무려 1,000만 원짜리 암표까지 등장하였습니다. 인기 가수 콘서트의 불법 티켓 거래는 어제오늘의 문제가 아닙니다. 암표 매매는 엄연히 법을 위반하는 행위이지요. 다양한 조치를 취하고 있지만 사실상 암표 판매자를 적발하는 일은 쉽지 않습니다.

CJ올리브네트웍스는 불법 티켓 거래의 해결책을 NFT에서 찾았습니다. 국내 최초로 부산국제영화제 티켓을 NFT로 발행한 것입니다.

티켓에 NFT 기술을 적용하면 티켓마다 별도의 고유 번호가 부여되어 출처 추적이 가능해집니다. 이를 통해 허위 매물과 위조 가능성을 차단하고 암표 거래를 막을 수 있습니다. 영화 티켓뿐만 아니라 공연 티켓, 스포츠 경기 관람권 등에도 NFT를 적용하면 공정하고 투명한 거래 문화를 정착시킬 수 있고요. NFT 대중화에도 기여할 수 있습니다.

NFT는 디지털 소유권 증명서이자 등기권리증입니다. 무한 복제가 가능한 디지털 세상에서 원본을 구별해 주는 기술입니다. NFT는 인증하고, 품질을 보증하고, 진위의 증명이 필요한 모든 것에 활용할 수 있습니다. 졸업증명서, 경력증명서, 정품 인증서, 중고 거래 등을 예로 들 수 있는데요. 정치계와 연예계 등을 중심으로 끊임없이 이어져 온 학력 위조 문제도 NFT로 해결할 수 있지 않을까요?

이처럼 NFT는 일상생활에서 무한한 확장 가능성을 가지고 있습니다. 그중 대표적으로 금융, 게임, 패션 분야에서 NFT가 활용되는 모습을 살펴보겠습니다.

금융과 NFT의 만남

디지털 콘텐츠는 무한 복제가 가능하기 때문에 자산으로서의 가치를 가지기 어려운 태생적 한계가 있었습니다. 그런데 디지털 콘텐츠의 원본과 소유권을 증명해 주는 NFT 기술이 등장하였습니다. 다시 말하면 NFT가 디지털 콘텐츠를 자산으로 만들어 준 것이지요. 직접 그린 그림이나 직접 찍은 사진 등의 디지털 콘텐츠가 자산이 된다면, 이는 담보 가치를 갖게 되는 것입니다. 금융 서비스의 영역이 실물 자산에서 디지털 자산까지 확장되는 것이고요. NFT는 블록체인 기반이기에 전 세계적으로 동일한 글로벌 서비스를 받게 됩니다.

디파이DeFi는 디센트럴라이즈드Decentralized, 탈중앙화와 파이낸셜Financial, 금융의 합성어로 블록체인 기반 금융 서비스를 의미합니다. 은행, 정부 등 중앙 기관의 통제 없이 다양한 금융 서비스를 제공하는 것이지요. 블록체인을 바탕으로 거래자들을 직접 연결하고, 거래 내역은 투명하게 공개됩니다. 스마트 계약으로 진행되어 신원 조회, 심사 등의 절차도 간소화할 수 있습니다.

디파이 서비스에는 NFTfi, NFT 수탁 등이 있습니다. 먼저 NFTfi는 NFT를 담보로 가상자산을 대출받는 서비스입니다. 부동산을 담보로 대출받듯이 NFT를 담보로 대출받는 것이지요. 대출받고자 하는 사람은 대출 조건을 직접 설정하여 관련 플랫폼에 올리고, 기간 내에 상환하지 못하면 NFT는 대여자 소유가 됩니다.

암호화폐 지갑의 보안키(개인키)를 대신 보관·관리해 주는 가상자산 수탁업도 등장하였습니다. 이미 US뱅크, ING은행 등 글로벌 금융 회사들의 서비스가 선행되고 있습니다. 국내에서도 신한, 국민 등

엑시 캐릭터 카드

주요 금융사들이 가상자산 수탁 서비스에 뛰어들었습니다. 금융 회사가 수탁 서비스에 관심이 큰 이유는 가상자산의 보관뿐만 아니라 거래와 결제 등 다양한 서비스로 확대할 수 있기 때문입니다.

게임과 NFT의 만남

NFT 전문 분석 업체인 논펀저블닷컴은 블록체인 게임 시장이 향후 4년 내로 연간 10퍼센트 성장률을 기록할 것이며, 2026년 블록체인 시장 규모는 250억 달러(약 32조 원)가 되리라고 예측하였습니다. 게임에 NFT 기술이 결합되면서 P2E 개념이 큰 인기를 얻었는데요. 게임에서 획득한 아이템, 캐릭터 등이 NFT를 통해 디지털 자산으로 인정받으면서 돈을 벌 수 있게 되었습니다. 게임의 목적이 단순한 재미를 넘어 하나의 생산 수단으로까지 확대된 것입니다.

베트남의 스타트업인 스카이 마비스Sky Mavis가 2018년에 개발한 〈엑시 인피니티Axie Infinity〉라는 P2E 게임이 있습니다. '엑시'라는 캐릭터를 구매하고 교배하여 새로운 엑시가 나오면 마켓플레이스에서 팔 수 있고요. 게임에서 승리한 보상으로 받는 SLP 코인을 가상자산 거래소에서 판매할 수도 있습니다. 2021년 5월 필리핀에서는 〈엑시 인피니티〉를 통해 번 돈이 한 달 평균 월급보다 많아서 이 돈으로 생활하는 사람이 많다는 유튜브 영상이 제작되기도 하였습니다. 〈엑시 인피니티〉는 베트남, 필리핀 등 동남아시아 시장에서 큰 인기를 끌었고요. 스카이 마비스의 기업 가치는 블리자드, 닌텐도, 로블록스, EA에 이어 세계 5위 게임 회사로 기록되기도 하였습니다.

패션과 NFT의 만남

영국의 경제 컨설팅 업체인 프론티어 이코노믹스Frontier Economics는 2022년까지 전 세계 위조품 시장을 최대 1,100조 원 규모로 전망하였습니다. 특허청에 따르면 국내 대형 10대 플랫폼에서 구매한 제품 중 가품 의심 신고 건수는 2018년 1,309건에서 2020년 3,101건으로 2년 새 2.4배 급증하였습니다. 코로나19 이후 온라인 명품 시장이 커지면서 위조품 거래도 증가하고 있는데요. 소위 '짝퉁' 제품의 확산은 끊임없이 논란이 되고 있습니다. 위조품 문제는 브랜드의 가치를 훼손하는 동시에 건전한 상거래 질서를 무너뜨리게 됩니다.

국내 온라인 명품 시장 규모

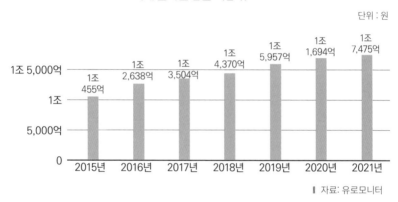

단위 : 원

▌자료: 유로모니터

명품 브랜드의 위조품 문제에서도 NFT가 해결책이 될 수 있습니다. 대표적인 사례는 2021년 4월에 루이비통모에헤네시(LVMH), 프라다, 까르띠에가 공동으로 설립한 아우라 블록체인 컨소시엄Aura Blockchain Consortium입니다. 제품마다 NFT가 발급되면 생산부터 판매까지 모든 단계의 이력과 소유권 정보가 담깁니다. 즉 디지털 정품 인증서가 발급되는 것이지요. 2022년에는 명품 브랜드 20여 개가 아우라에 참여하였으며, 1,700만 개의 제품이 등록되었습니다.

미국의 대표적인 투자은행 모건스탠리Morgan Stanley는 2030년까지 NFT 시장 규모가 3,000억 달러(약 390조 원)에 달할 것으로 전망한 바 있습니다. 이 중 560억 달러(약 72조 원)는 럭셔리 산업과 관련되리라 예측하였습니다. 돌체앤가바나는 2021년 10월 〈콜레치오네 제네시Collezione Genesi〉 컬렉션 NFT로 약 560만 달러(약 72억 원)의 경매 수익을 냈습니다. NFT 전용 커뮤니티 'DG 패밀리'도 출시하였는데요. NFT 보유자에게 제품 구매 우선권과 온·오프라인 이벤트 참석 기회 등 특별한 혜택을 제공합니다.

2022년 8월 데이터 분석 업체 애널리틱스Dune Analytics에 따르면 글로벌 브랜드의 NFT 사업에서 나이키가 1억 8,526만 달러(약 2,408억 원) 수익을 내며 1위를 기록했습니다. 나이키는 2021년 12월 가상 패션 스타트업인 아티팩트RTFKT를 인수하였는데요. 2022년 4월에 출시한 〈나이키 덩크 제네시스Nike Dunk Genesis〉 NFT는 출시 2주 만에 1만 개 이상 판매되었고요. 약 800만~980만 원 선에서 거래되었습니다. 〈클론 엑스Clone X〉 컬렉션은 총 7억 7,908만 달러(약 1조 128억 원)로 2차 거래의 로열티로는 2,422만 달러를 받았습니다.

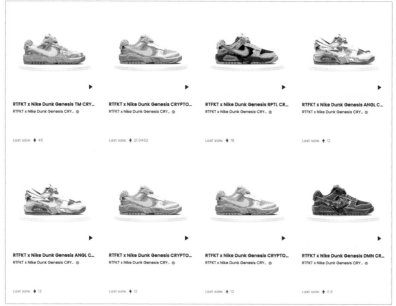

나이키 덩크 제네시스 NFT

글로벌 시장조사 업체 VMR은 NFT 시장이 2030년까지 2,310억 달러(약 300조 3,000억 원) 규모로 성장할 것으로 전망하였습니다. NFT는 금융, 게임, 패션 분야뿐만 아니라 인증하고, 품질을 보증하고, 진위의 증명이 필요한 모든 것에 활용할 수 있습니다. 디지털 콘텐츠 본연의 문제를 해결하고, 디지털 세상을 실제로 경제활동이 가능한 세상으로 만들어 주는 것이지요.

3

NFT 아트테크
준비하기

NFT 아트테크 시작을 위한 3단계 준비

step 1. 암호화폐 지갑 만들기

암호화폐는 블록체인을 기반으로 암호화 기술을 사용하여 만든 디지털 화폐를 말합니다. NFT 역시 블록체인을 기반으로 탄생하였기에 NFT를 발행하거나 여러 가지 거래 행위를 하려면 암호화폐가 필요하지요. 최근에는 신용카드로 거래 가능한 NFT 마켓플레이스도 등장하였지만, NFT를 손쉽게 사고팔려면 기본적으로 암호화폐 거래를 할 수 있어야 합니다.

지갑(월렛Wallet)이란 암호화폐를 송금하고 관리하는 프로그램을 말합니다. 우리가 흔히 사용하는 지갑을 떠올리며 암호화폐를 보관하는 장소라고 생각할 수 있는데요. 소유한 암호화폐는 지갑이 아닌 블록체인 네트워크상에 존재합니다. 소유자라는 것을 인증하기 위해 공개된 지갑 주소인 공개키(퍼블릭키public key)와 개인키(프라이빗키 private key)가 생성되는데요. 그 개인키를 관리하는 도구가 암호화폐 지갑입니다. 개인키는 공개되지 않는 것으로, 디지털 지문이라고 생각하면 됩니다. 거래에 서명하는 용도로 사용되지요.

우리는 네이버, 페이스북(현재 이름 '메타') 등 웹사이트를 이용할 때 회원가입을 합니다. 아이디와 비밀번호를 설정하여 로그인한 후 서비스를 이용하지요. 그런데 암호화폐 거래에서는 지갑이 개인 아이디이자 신분증 역할을 합니다. 암호화폐 지갑을 통해 로그인하고 서비스를 이용할 수 있지요. 지갑 종류와 무관하게 개인키만 있으면 암호화폐에 접근이 가능합니다. 컴퓨터가 손상되거나 스마트폰을 분실하더라도 개인키가 있는 한 다른 장치를 통해 접근할 수 있습니다. 개인키를 잃어버리면 자산의 소유권을 증명할 수 없기에 철저하게 관리해야 합니다. 개인키는 누구에게도 절대 공개해서는 안 되겠지요.

세계적으로 NFT 거래에 가장 많이 사용하는 암호화폐는 이더리움Ethereum이고, 이더리움 블록체인에서 가장 많이 쓰는 지갑은 메타마스크MetaMask입니다. 메타마스크 웹사이트(www.metamask.

io)에 들어가서 앱을 다운로드하고 안내에 따라 지갑을 생성하면 됩니다. 메타마스크는 크롬Chrome 브라우저 확장 앱이기 때문에 인터넷 브라우저는 '크롬'을 이용해야 하지요.

국내에서는 클립Klip 지갑도 많이 쓰고 있습니다. 클립은 카카오가 개발한 블록체인 플랫폼인 클레이튼Klaytn 기반의 암호화폐를 관리합니다. 카카오톡 계정을 통해서 클립 지갑을 만들 수 있고요. 카톡 친구들에게 암호화폐를 수수료 없이 전송하는 등 카톡과 연동된 여러 서비스를 이용할 수 있습니다.

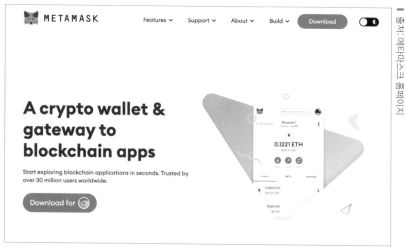

암호화폐 지갑 메타마스크 사이트

카카오톡에서 클립 지갑 만드는 경로

step 2: 암호화폐 거래소 가입하기

지갑을 만들었으면 암호화폐를 거래할 수 있는 거래소에 가입해야 합니다. 암호화폐 거래소Cryptocurrency Exchange는 암호화폐를 달러, 원화 등 다른 자산과 교환할 수 있는 거래소를 말합니다. 해외여행을 할 때 우리나라 돈을 달러나 엔화로 환전하는 외환 거래소를 생각하면 됩니다.

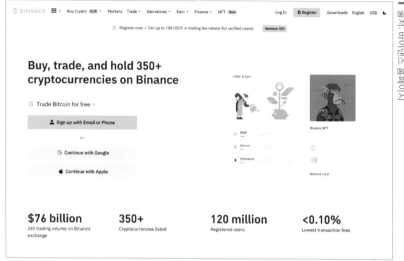

세계 1위 암호화폐 거래소 바이낸스

세계 1위 암호화폐 거래소로 바이낸스Binance가 있습니다. 150개가 넘는 암호화폐를 보유하고 있고요. 거래량이 많아서 안정적이며, 신용카드로도 결제할 수 있습니다. 다만 한국 서비스가 중단되어 한국어를 지원하지 않는 점이 조금 아쉽습니다. 원화도 사용할 수 없어 달러로 환전한 후 거래해야 합니다.

대표적인 국내 암호화폐 거래소로는 업비트, 빗썸, 코인원 등이 있습니다. 국내 거래소인 만큼 사용하기 편리한 점이 많지만, 신용카드 결제가 되지 않는 등 불편함도 있지요. 거래소 지정 은행의 계좌가 있어야 하는데, 거래소마다 연결 가능한 은행이 다릅니다. 업비트는 케

국내 암호화폐 거래소 업비트

국내 암호화폐 거래소 코인원

출처: 빗썸 마이페이지

국내 암호화폐 거래소 빗썸

이뱅크와 연결해야 하고, 빗썸은 농협, 코인원은 카카오뱅크와 연결해야 합니다.

2022년 3월 25일부터 특정금융정보법에 따라 **트래블룰**travel rule이 적용되는데요. 트래블룰은 '자금 이동 추적 시스템'으로, 거래의 투명성을 높이고 불법 행위에 대응하기 위하여 송금자의 개인정보를 기록하는 것을 의미합니다. 100만 원 이상 전송할 때는 실명 확인을 통해 입출금이 이루어지게 됩니다.

트래블룰은 1993년에 도입되었던 금융실명제의 가상 자산 버전으로, 국내에서 세계 최초로 실행되었습니다. 가상자산 사업자가 고객의 요청에 따라 가상자산을 다른 사업자에게 보낼 때, 자산 이전과 더불어 송·수신인의 정보를 의무적으로 제공하는 제도입니다. 이전하는 자산이 원화 환산 가치로 100만 원 이상일 때 적용됩니다.

국내 거래소의 가장 큰 단점은 지갑으로 암호화폐를 보낼 때 수수료가 비싸다는 점입니다. 예를 들어 업비트에서 이더리움의 전송 수수료는 0.01이더ETH인데요. 1이더리움 가격이 200만 원이라고 하면, 수수료가 2만 원이 되는 것입니다. 반면 바이낸스의 이더리움 전송 수수료는 0.005이더입니다. 200만 원을 기준으로 하면, 수수료는 1만 원 정도이지요. 거래소의 네트워크 지원 방식에 따라 수수료가 최대 100배까지 차이가 나기도 합니다.

많은 이들이 수수료 절감을 위해 국내 거래소에서 수수료가 저렴한 암호화폐를 구입한 다음 해외 거래소로 보내 이더리움으로 전환한 후 지갑으로 송금하기도 합니다. 예를 들면 국내 거래소에서 비교적 수수료가 저렴한 트론TRX, 리플XRP 등의 암호화폐를 구입한 다음 바이낸스 거래소 등에서 이더리움으로 전환한 후 지갑으로 보내는 것입니다. 수수료를 고려하지 않고 무작정 거래소를 이용하면 예상치 못한 지출이 많아질 수 있습니다. 수익을 올리고 싶어서 NFT 아트테크를 시작하였는데, 고액의 수수료로 수익률을 떨어뜨리는 불상사가 생겨서는 안 되기 때문에 거래소의 특징과 수수료 등을 잘 파악해 둘 필요가 있습니다.

국내 암호화폐 거래소 특징

암호화폐 거래소	이더리움 출금 수수료	이더리움 입금 수수료	연결 은행
업비트	0.01ETH	무료	케이뱅크
빗썸	0.01ETH	무료	NH농협은행
코인원	0.02ETH	무료	카카오뱅크

step 3. 암호화폐 구입하고 지갑으로 송금하기

거래소에 가입하였다면 먼저 만들어 둔 지갑으로 암호화폐를 송금할 수 있습니다. NFT 거래를 시작하기 위한 기본적인 준비가 된 것입니다. 이때 어떤 NFT 마켓플레이스를 이용할지 고려하여 그곳에서 주로 사용되는 암호화폐를 구입하면 더 편리할 수 있습니다. NFT가 발행될 때 그리고 1차·2차 판매될 때 모두 같은 암호화폐로 거래해야 합니다. 아직은 서로 다른 암호화폐 간의 호환이 이루어지지 않기 때문인데요. 예를 들어 오픈씨에서 이더리움으로 NFT를 발행하면 이더리움으로 NFT를 거래해야 합니다. 이런 점을 기억하고 암호화폐 거래소에서 나에게 필요한 암호화폐를 구입합니다.

구입한 암호화폐는 내 지갑으로 송금합니다. 나에게는 송금이지만 거래소 입장에서는 출금되는 것이므로 보통 '출금'이라는 용어가 사용됩니다. 따라서 출금 주소를 입력할 때 메타마스크 등 암호화폐 지갑의 주소를 입력하고, 원하는 금액을 적은 후 출금 신청을 합니다. 다만 우리가 은행에서 원화를 계좌 이체할 때는 바로 송금이 되지만 암호화폐 거래는 시간이 좀 걸립니다.

지금까지 NFT 아트를 발행하고 거래하기 위해 공통으로 준비해야 할 단계를 정리해 보았습니다. 제일 먼저 암호화폐 지갑을 만들고요.

암호화폐 거래소에 가입합니다. 마지막으로 암호화폐를 구입하고 지갑으로 송금하는 것입니다. 암호화폐 가격이 수시로 변동되고, 거래소마다 규제도 자주 바뀌어서 책에는 기본적인 내용만 정리하였습니다. 실제로 NFT 아트를 거래할 때는 자신에게 가장 잘 맞는 방법을 꼼꼼하게 확인한 뒤에 진행하기를 바랍니다.

NFT 아트테크를 위한 기본 준비

| 지갑 만들기 | 암호화폐 거래소 가입 | 암호화폐 구입 | 지갑으로 송금 |

○ ● ○

수수료 알아보기:
가스피와 로열티

　NFT 아트의 거래 과정에서는 크게 3개의 수수료가 발생합니다. 첫 번째는 블록체인을 사용하는 대가로 내는 가스피Gas Fee, 가스비입니다. 두 번째는 NFT 마켓플레이스에 지불하는 수수료인데요. 거래를 진행하는 시점마다 발생하기 때문에 거래 후 취소하거나 경매에 참여했다가 취소해도 수수료는 내야 합니다. 보통 판매 금액의 2.5~5퍼센트 정도인데, 슈퍼레어SuperRare처럼 작품 심사가 진행되는 거래소의 경우 15퍼센트 정도 발생합니다. 세 번째는 작가에게 지불하는 로열티입니다. 이어서 가스피와 로열티를 자세히 살펴보겠습니다.

블록체인 이용료: 가스피

NFT를 발행할 때 블록체인 플랫폼을 이용하는 대가로 지불하는 돈을 '가스피'라고 합니다. 블록체인 이더리움의 영문 철자 앞부분이 '이더ether'인데요. 화학물질 에테르ether의 철자와 같아서 수수료를 가스피라고 부르게 되었습니다.

이더리움 가격이 오르거나 사람이 많이 몰리면 가스피 가격도 상승합니다. 전력 사용량이 늘어나면서 가스피는 올라가고 속도는 더 느려지는 것입니다. 그래서 사람이 몰리는 시간을 피하고 적게 활동하는 때를 선택해서 NFT를 거래하면 가스피를 절약할 수 있습니다. 최근 NFT 마켓플레이스들은 가스피를 낮추기 위해 이더리움보다 저렴한 블록체인을 이용하기도 하고요. 자체 블록체인 플랫폼을 만들기도 합니다.

처음 거래를 시작할 때 계좌를 활성화하기 위한 가스피가 발생합니다. 암호화폐 지갑 주소를 여러 개 가지고 있다면 지갑별로 비용을 지불해야 합니다. 작품을 NFT로 발행할 때도 가스피가 발생합니다. 언제 팔릴지도 모르는 작품을 발행할 때마다 가스피를 내야 한다면 NFT 아트 작업을 쉽게 시작할 수 없습니다. 이 문제를 해결하기 위해 대부분의 NFT 마켓플레이스에서는 첫 발행 시 혹은 하루에 몇 개까지는 가스피를 면제해 줍니다.

출처: 이더리움프라이스 홈페이지

실시간 가스피를 확인할 수 있는 이더리움프라이스

가스피를 확인하는 데 도움이 되는 사이트가 있습니다. 이더리움 프라이스Ethereumprice(ethereumprice.org)에서는 실시간 가스피를 확인할 수 있습니다. 위 그래프를 보면 가스피가 시시각각 변동된다는 것을 알 수 있는데요. 현재 가스피가 평소보다 비싼지 싼지 판단할 수 있어서 NFT 거래 시 도움을 받을 수 있습니다.

또한 이더스캔Etherscan(etherscan.io)에서는 가스피를 추적하여 현재의 가스피와 평균 가스피를 확인할 수 있어 적정한 수준인지 판단할 수 있습니다.

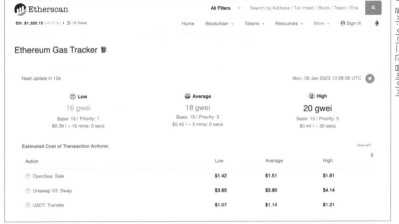

평균 가스피를 확인할 수 있는 이더스캔

작가의 지속적인 수익원: 로열티

2010년 이중섭 화백의 〈황소〉가 35억 6,000만 원에 낙찰되고, 2018년에는 또 다른 〈황소〉가 47억 원에 낙찰되었습니다. 그런데 정작 이중섭 화백은 생전에 담뱃갑 종이에 그림을 그릴 정도로 생활고에 시달리다 39세의 나이로 눈을 감았습니다. 유족들 역시 어떠한 혜택도 받지 못하였지요. 한국 근현대 미술을 대표하는 박수근, 김환기 화백도 마찬가지였습니다. 국내 근현대 작품 중 가장 비싼 그림을 작업한 작가들이 생활고를 겪었다는 것은 모순되는 상황이지요.

로열티는 작품의 재판매(2차 판매)가 이루어질 때 최초 창작자인 작가에게 지급되는 비용입니다. 작가의 지속적인 수입원이 될 수 있지요. 미술 시장에서의 로열티 제도는 1920년에 프랑스가 가장 먼저 시작한 이후 벨기에, 이탈리아 등 여러 나라에서 도입하였습니다. 국내에서는 논의만 있을 뿐 아직 인정되지 않는 실정입니다. 이러한 상황에서 NFT는 새로운 바람을 일으키고 있습니다.

로열티는 작가의 저작권을 비롯하여 특허권, 상표권 등을 사용하고 지불하는 값을 말합니다. 법률 용어로는 추급권이라고 합니다. 오픈씨에서는 로열티를 '크리에이터피Creator Fee로 표현하고 있습니다.

작가가 작품을 NFT로 발행할 때 로열티를 설정할 수 있습니다. 실물 작품의 경우 작품 거래 과정을 추적하는 일이 사실상 불가능했는데요. 불투명한 거래 과정에서 창작자가 배제되고 소외되는 문제를 NFT가 해결해 준 것입니다.

로열티는 NFT 작품의 가치 상승분에 관한 작가의 권리를 지속해서 보장해 줍니다. 보통 작품 판매금의 10퍼센트 정도를 로열티로 설정하는데, 작가가 직접 비율을 정할 수 있습니다. 갤러리나 아트 딜러의 개입 없이 창작자 스스로 조건을 정해서 작품을 유통할 수 있게 된 것입니다.

이러한 NFT의 로열티 설정과 관련하여 몇 가지 주의할 점이 있습니다. 로열티는 한번 설정하면 블록체인에 기록되기 때문에 수정할 수 없습니다. 처음에 설정하지 않고 넘어가면 재판매 시에도 로열티를 받지 못합니다. 그리고 NFT를 발행한 마켓플레이스에서 작품이 재판매되어야 로열티를 받을 수 있습니다. 예를 들어 오픈씨에서 NFT를 발행하고 로열티를 설정하였다면, 오픈씨에서 작품이 재판매되어야 로열티를 받을 수 있습니다.

단, NFT 마켓플레이스에 따라 로열티 설정 여부와 내용 등이 다르므로 확인할 필요가 있습니다.

나에게 꼭 맞는
NFT 마켓플레이스

NFT 마켓플레이스는 디지털 콘텐츠를 NFT로 발행하는 기능을 제공합니다. 판매자와 구매자는 NFT 마켓플레이스를 통해 NFT를 직접 거래하지요. 작가는 NFT 마켓플레이스에서 NFT 아트 작품을 처음으로 선보이며, NFT 마켓플레이스는 작품을 발행하고 판매하면서 기존 미술 시장에서의 갤러리 역할(1차 시장)을 수행합니다. 또한 소비자가 직접 구매한 작품을 다른 사람에게 재판매하거나 경매에 부치는 등 2차·3차 시장의 기능도 수행합니다.

NFT 시장에는 다양한 마켓플레이스가 있는 만큼 어떤 곳이 나에게 맞는지 잘 알아보고 선택해야 합니다. 마켓플레이스별로 거래하는 화폐 종류, 거래 방법, 작가 선정 기준 등이 모두 다른데요. 대표적인 NFT 마켓플레이스 몇 곳을 정리해 보겠습니다.

| 오픈씨 www.opensea.io | 최초의 NFT 마켓플레이스 오픈씨는 2021년 기준으로 누적 거래액만 3억 5,400만 달러(약 4,602억 원)에 이르는 등 세계 최대 규모를 자랑합니다. 2021년에 기업 가치가 10억 달러 이상인 **유니콘 기업**이 되었지요. 오픈씨는 미술, 음악, 수집품 등 거의 모든 종류의 디지털 콘텐츠를 보유하고 있습니다. 가입은 무료이며 누구나 손쉽게 작품을 등록하고 거래할 수 있는데요. 이더리움, 클레이 등 150개 이상의 다양한 암호화폐를 지원합니다.

유니콘 기업은 기업 가치 10억 달러 이상, 창업한 지 10년 이하의 비상장 스타트업 기업을 뜻하는 말입니다. 상상의 동물 유니콘처럼 현실에서 쉽게 볼 수 없는 가치를 지닌 기업이라는 의미로, 벤처 투자자인 에일린 리Aileen Lee가 2013년에 처음 사용한 용어입니다.

오픈씨에서 NFT를 발행할 때는 작가의 로열티를 최대 10퍼센트(오픈씨에서는 'Creator Fee'로 표시)까지 설정할 수 있습니다. 블록체인 사용료인 가스피가 비싸다는 단점이 있지만, 가스피는 NFT를 판매할 때만 발생합니다. 별도의 심사나 검증 절차가 없기 때문에 진입이 쉬운 반면에 작품의 질적 차이가 큰 편입니다. 다른 사람의 작품을 도용하여 NFT로 발행하는 등 위법한 방법으로 발행된 작품도 있을 수 있어서 주의해야 합니다.

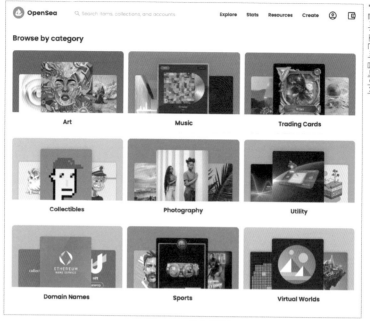

세계 최대 규모의 NFT 마켓플레이스 오픈씨

| 슈퍼레어 *www.superrare.com* | 2018년 4월에 오픈한 슈퍼레어는 다른 마켓플레이스에서 판매되지 않는 NFT를 독점적으로 판매합니다. 단 1개만 발행된 NFT만 판매할 수 있습니다.

슈퍼레어에서 NFT를 판매하기 위해서는 자체 심사를 거쳐야 합니다. 진입이 까다로운 만큼 전업 아티스트 및 전문 컬렉터에게 인기가 많지요. 컬렉터들이 작품의 가치를 판단하는 데 도움이 될 수 있습니다.

슈퍼레어는 탈중앙화 자율 조직(다오)을 구성하여 운영합니다. 슈퍼레어 토큰인 레어RARE를 보유한 사람이면 누구나 슈퍼레어 다오에 참여할 수 있습니다. 다오 구성원이 작가를 심사하는 프로그램도 진행하는데요. 여기서 선택된 작품은 슈퍼레어 스페이스Superrare Spaces에 오릅니다. 슈퍼레어 스페이스는 슈퍼레어와는 별도로 운영되는 독립적인 갤러리라고 이해하면 되겠습니다.

2021년 8월부터는 수집가에게도 로열티의 일정 부분을 지급할 수 있는 기능을 마련하였습니다. 작품 창작뿐만 아니라 수집도 장려하여 NFT 아트 커뮤니티를 확장하고자 하는 노력이 엿보입니다. 플랫폼 내에서 '좋아요'를 누르거나 팔로우하는 일이 가능하여 다른 사용자들과 소통하며 유대감을 나눌 수 있습니다.

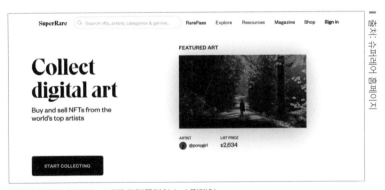

출처: 슈퍼레어 홈페이지

검증된 작품만 거래되는 NFT 마켓플레이스 슈퍼레어

| 니프티 게이트웨이 www.niftygateway.com | 니프티 게이트웨이 Nifty Gateway는 2020년 12월 비플의 〈The Complete MF Collection〉을 77만 7,777달러(약 10억 1,000만 원)에 판매하면서 이름을 알렸습니다. 암호화폐 거래소인 제미니Gemini의 자회사이고요. 삼성전자와 업무 협약을 맺고 2022년 QLED 모델과 네오 QLED TV 제품군에 NFT 플랫폼을 제공하였습니다.

슈퍼레어처럼 심사 과정을 통과한 작품만 판매할 수 있습니다. 신용카드로 NFT 구매가 가능하여 암호화폐에 익숙하지 않은 사람도 손쉽게 이용할 수 있다는 것이 장점입니다.

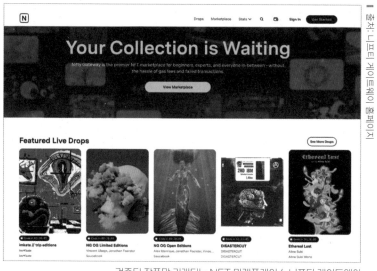

검증된 작품만 거래되는 NFT 마켓플레이스 니프티 게이트웨이

| 클립드롭스 *www.klipdrops.com* | 클립드롭스Klip Drops는 카카오의 계열사인 그라운드엑스GROUND X가 개발한 국내 NFT 마켓플레이스입니다. 그라운드엑스가 자체 개발한 블록체인 플랫폼인 클레이튼 기반으로, 클레이Klay라는 암호화폐를 사용합니다. 최근에는 신용카드로도 NFT를 구매할 수 있게 되었습니다.

클립드롭스에는 3가지 판매 방식이 있습니다. 원데이 원드롭ONE DAY ONE DROP(1D1D)' '디팩토리dFactory' '마켓MARKET'이 그것입니다. 1D1D는 하루에 한 명의 작품만 공개

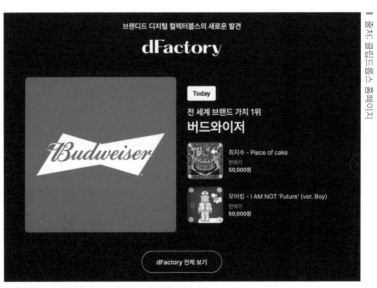

국내 NFT 마켓플레이스 클립드롭스의 디팩토리

되어 첫 판매가 진행되는데요. 클립드롭스가 선정하고 협약을 맺은 작가의 작품들만 진행 가능합니다. 디팩토리에서는 클립드롭스에서만 만날 수 있는 한정판 디지털 아트를 선보입니다. 마켓은 개인 간의 NFT 거래 장소입니다.

| 업비트 NFT www.upbit.com/nft | 업비트 NFTUpbit NFT는 암호화폐 거래소인 업비트를 운영하는 두나무에서 만든 국내 NFT 마켓플레이스입니다. NFT를 경매하는 '드롭스Drops'와 회원 간 거래하는 '마켓플레이스Marketplace'가 있습니다.

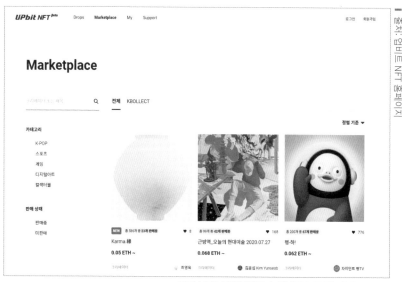

국내 NFT 마켓플레이스 업비트 NFT의 마켓플레이스

드롭스는 작가가 최초로 발행한 NFT가 거래되는 1차 시장입니다. 거래 방식은 낮은 가격에서 시작하여 점차 높은 가격으로 진행되는 잉글리시 옥션English Auction과 높은 가격에서 시작하여 점차 낮은 가격으로 진행되는 더치 옥션Dutch Auction, 고정가 판매 이렇게 3가지 방식이 있습니다. 마켓플레이스는 회원 사이의 재판매가 진행되는 2차 시장으로 디지털 아트 NFT뿐만 아니라 스포츠, 게임, K-POP NFT가 거래됩니다.

드롭스에서는 이더리움(ETH) 또는 비트코인(BTC)으로 거래할 수 있습니다. 입찰 시 거래 수수료는 없습니다. 마켓플레이스에서는 이더리움으로 결제할 수 있으며, 판매 또는 구매 금액의 2.5퍼센트가 거래 수수료로 발생합니다.

두나무는 방탄소년단의 소속사 하이브와 합작하여 미국에 조인트벤처인 '레벨스Levvels'를 설립하기도 하였습니다. 하이브의 지적 재산을 결합한 NFT 사업을 추진하고 있습니다.

지금까지 살펴본 것 외에도 다양한 NFT 마켓플레이스가 있습니다. 특히 국내에서는 네이버의 '도시DOSI', SKT의 '탑포트TopPort' 등이 새롭게 출시되었습니다. 멤버십과 부가가치를 연계하는 등 NFT 마켓플레이스의 역할 또한 확장되고 있습니다. 더 나아가 NFT가 널

출처: 도시 홈페이지

네이버 계열사 라인이 만든 NFT 플랫폼 도시

리 알려지면서 NFT 아트는 기존 미술 시장의 유통 채널인 갤러리나 아트페어뿐만 아니라 새로운 온·오프라인 플랫폼에서도 거래할 수 있게 되었지요. NFT가 점점 대중화될수록 다양한 유통 채널이 자리 잡게 될 것입니다.

NFT 아트테크를 하는
3가지 방법

1. NFT 크리에이터 되기
2. NFT 아트 컬렉터 되기
3. NFT 아트 커뮤니티 멤버 되기

1. NFT 크리에이터 되기

NFT의 개념을 이해하고 NFT 아트에 관해 알게 된 지금 '나도 NFT로 돈을 벌 수 있겠는데?' 하는 낙관적인 생각이 드나요, 아니면 '그렇다고 아무나 NFT 아트를 할 수 있을까?' 하고 망설여지나요?

그래서 이제부터 NFT 아트로 어떻게 수익을 낼 수 있는지 이야기해 보려고 합니다. NFT 아트를 생산하거나 수집하여 판매하는 방식으로 우리는 누구나 NFT 아트테크를 시작할 수 있습니다. NFT 아트 시장의 생태계를 구성하는 주요 요소(크리에이터, 컬렉터, 커뮤니티)를 기준으로, NFT 아트로 돈을 벌 수 있는 방법을 크게 3가지로 정리해 보았는데요. 그 첫 번째는 바로 직접 NFT 크리에이터가 되는 것입니다.

디지털 콘텐츠라면 무엇이든 NFT로 발행할 수 있습니다. 직접 찍은 사진과 영상, 직접 그린 그림 파일 등이 있다면 누구나 NFT 크리에이터가 될 수 있지요. NFT 덕분에 다양한 영역의 창작자가 NFT 아트 시장에 진입하여 생산자층이 넓어지고 있습니다. 또한 다양한 NFT 아트의 등장은 NFT 시장의 저변을 확대해 주었습니다.

NFT의 역사가 매우 짧기 때문에 어디까지를 NFT 아트로 볼 것인지는 아직 논의가 계속되고 있지만, 여기에서는 작품에 대한 가치 판단은 잠시 뒤로 하고 최대한 폭넓은 범위에서 NFT 아트를 바라보려고 합니다. 전문적인 아티스트를 포함하여 NFT 아트를 창작하는 모든 이들을 NFT 크리에이터의 범주에 넣고 어떻게 작품을 발행하고 판매할 수 있는지 살펴보겠습니다.

NFT 아트 시장의 생태계

1
NFT
크리에이터

2
NFT 아트
컬렉터

3
NFT 아트
커뮤니티

4
그 외
독립 큐레이터,
에이전트 등

step 1.
디지털 아트 제작하기

NFT 크리에이터가 되기 위해서는 먼저 NFT로 발행할 수 있는 디지털 아트 작품이 있어야 합니다. 창작 영역과 관련된 일을 한다면 디지털 아트를 만드는 것이 좀 더 손쉬울 수 있겠지요. 그림을 그린다면 직접 그린 그림을, 디자인을 한다면 직접 만든 작업물을, 영상을 찍는다면 직접 제작한 영상을 NFT 아트로 만들 수 있습니다.

작품 제작 같은 것을 한 번도 해 보지 않았어도 디지털 아트를 만드는 일은 가능합니다. 직접 찍은 사진, 낙서, 음성 파일, 일기, SNS 게시물 등 무엇이든 디지털 파일로 만든다면 NFT로 발행할 수 있습니다. 영국에 사는 12세 소년은 8비트 픽셀로 만든 3,550마리 고래 그림 NFT를 약 40만 달러(약 5억 2,000만 원)에 판매하였고요. 인도네시아의 한 대학생은 5년 동안 찍은 자신의 셀카 사진 933장을 100만 달러(약 13억 원)에 판매하기도 하였습니다.

포모FOMO, Fear Of Missing Out**증후군**이라는 말이 있습니다. 자신만 뒤처지거나 소외된 것 같은 두려움을 가지는 증상을 의미하는데요. 어떤 작가의 NFT 작품이 아주 비싼 가격으로 판매되면 나도 얼른 NFT를 발행해야 할 것 같은 생각이 들기도 합니다. 그래서 부랴부랴 NFT 아트를 제작했는데, 기대만큼 성과를 얻지 못해 실망하는 일이 생기기도 합니다.

포모증후군은 세상의 흐름에서 소외된 것 같은 두려움, 자신만 뒤처진 것 같다고 느끼는 불안한 심리 상태를 뜻하는 용어입니다. 우리말로는 '소외불안증후군' 또는 '고립공포증'이라고 합니다. 주로 소셜 미디어의 게시물을 통해 이러한 감정이 유발된다고 하는데요. 최근에는 재테크 및 투자 흐름을 제대로 파악하지 못해서 불안을 느끼는 심리를 이야기할 때 많이 쓰이고 있습니다.

디지털 아트로 제작한 파일을 NFT로 발행한다고 해서 무조건 판매가 보장되지는 않습니다. 그러나 NFT로 만들어 볼 만한 디지털 파

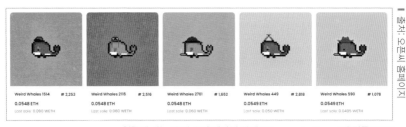

출처: 오프시 홈페이지

영국에 사는 12세 소년 벤야민 아메드Benyamin Ahmed가 만든 NFT
〈이상한 고래들Weird Whales〉

셀카 사진을 NFT로 발행한 인도네시아 대학생의 오픈씨 계정

일이 생겼거나, 순간순간 떠오른 반짝이는 아이디어가 있다면 부담 없이 도전해 보는 일 또한 경험이 될 것입니다. 그보다 진지하게 NFT 크리에이터가 되기를 원한다면 분위기에 휩쓸려서 일단 계획 없이 NFT로 발행하기 전에 작품에 대한 연구가 선행되어야 합니다. 자신 만의 정체성을 담아 작품을 제작해 보는 것이 좋겠지요.

요즘에는 컴퓨터에 관해 잘 몰라도 누구나 픽셀 아트 같은 제너레이티브 아트를 제작할 수 있는 프로그램도 있어서 마음만 먹는다면 기술의 힘을 빌려 자기만의 작품을 만들 수 있습니다. NFT 아트를 통해 몰랐던 재능을 발견하고 판매 수익까지 올릴 수 있는 크리에이터가 많이 나타나기를 기대해 봅니다.

○ ● ○ ○

step 2.
NFT 아트 민팅하기

디지털 아트를 NFT로 발행하는 것을 '민팅Minting'이라고 합니다. 민트Mint는 원래 화폐를 주조한다는 뜻인데요. 주조는 쇳물을 거푸집에 부어 물건을 만들어 내는 방식을 말합니다. 단어 그대로 화폐를 만든다는 의미입니다. 디지털 아트를 NFT로 민팅하면 거래 가능한 자산이 되는 것이지요.

NFT로 민팅하면 디지털 아트에 고유한 일련번호가 생성됩니다. 누구도 수정하거나 삭제할 수 없고 블록체인에 영구적으로 기록되는 것입니다.

일반적으로 크리에이터 또는 프로젝트 주최 측이 NFT를 발행하고 판매하는데요. 이때 NFT가 판매되지 않으면 발행 시 발생하는 가스피 등의 수수료가 부담될 수 있습니다. 이를 해결하기 위하여 최근에는 프로젝트 주최 측이 NFT를 민팅할 때 구매자를 미리 모집한 다음, 구매자가 비용을 지불한 NFT만 발행하는 방식도 많이 활용됩니다.

민팅은 NFT 마켓플레이스 또는 NFT 발행 플랫폼에서 진행합니다. 오픈씨처럼 민팅과 판매 모두 진행할 수 있는 곳이 있는가 하면, 크래프터 스페이스Krafter Space(2022년 12월 8일 서비스 종료), 크래프트맨쉽Craftsmanship과 같은 NFT 발행 플랫폼에서는 민팅만 할 수 있습니다. 오픈씨에서는 클레이튼(카카오의 블록체인 플랫폼) 기반 NFT의 경우 아직까지는 거래만 할 수 있기 때문에 별도의 NFT 발

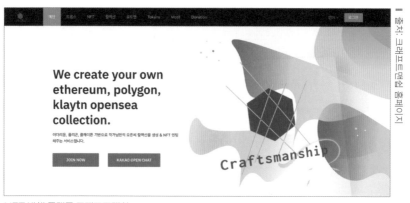

NFT 발행 플랫폼 크래프트맨쉽

행 플랫폼이 생겨난 것인데요. 하루에 발행 가능한 개수가 정해져 있는 플랫폼도 있으니 민팅 전에 꼭 확인해 봐야 합니다.

에디션 발행

NFT 아트의 이름에 '00/000' 또는 '00 of 000'와 같이 숫자가 표기된 작품을 볼 수 있는데요. 이러한 숫자를 '에디션 넘버'라고 합니다. '판'을 의미하는 에디션edition은 한정된 수로 제작하는 작품을 뜻합니다.

에디션 넘버는 하나의 디지털 아트로 몇 개의 NFT를 발행하였는지를 나타내는 숫자입니다. 예를 들어 5/100으로 표기되어 있다면, 총 100점의 NFT를 발행하였는데 그중에서 다섯 번째 작품이라는 의미입니다. 1/1 또는 1 of 1로 표기된 것은 단일 발행된 작품으로 이 세상에 딱 한 개만 존재하는 것이겠지요.

NFT를 발행하면서 작품 설명을 작성할 때 에디션 넘버에 관해 언급해 주는 것이 좋습니다. '추가로 민팅할 계획이 없다'라는 내용까지 덧붙인다면 작품의 가치에 대한 신뢰가 좀 더 생기겠지요.

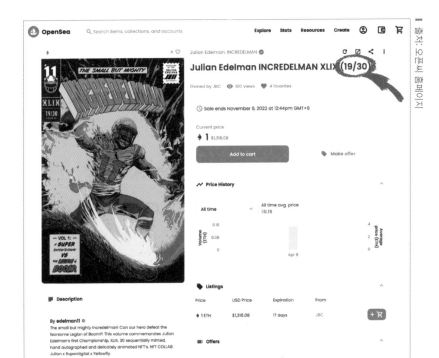

미식축구선수 줄리안 에델만Julian Edelman을 모티브로 제작된 NFT의 발행 정보에서 볼 수 있는 에디션 넘버 19/30

다른 사람의 작품을 NFT로 발행할 수 있을까?

디지털 파일만 가지고 있다면 다른 사람의 작품도 얼마든지 NFT로 발행이 가능합니다. 물론 기술적으로 가능하다는 뜻이며, 법적으로는 문제가 될 수 있습니다. 스스로 제작한 작품을 NFT로 발행하는 것이 법적으로 제일 안전합니다. 다른 사람의 작품으로 NFT를 발행하면 저작권을 침해할 수도 있고 금전적으로 손해를 보상해야 할 수도 있습니다.

저작권법에 따르면 저작물의 보호 기간은 원칙적으로 저작자가 생존하는 동안과 사망한 후 70년간 존속됩니다. 저작권은 별도의 등록 절차 없이 저작물의 창작과 동시에 발생합니다. 그런데 예외적으로 다른 사람의 작품을 NFT로 발행할 수 있는 경우가 있습니다. (저작권에 관해서는 이 책의 235쪽「부록」'저작권과 소유권의 구별' 부분에서 더욱 자세히 살펴보겠습니다.)

첫 번째, 저작권자로부터 라이센스license, 허가를 받는 방법입니다. NFT로 발행할 작품의 저작권을 사용할 수 있는 권리 일부를 받는 것인데요. 그에 대한 보상으로 NFT 발행자는 저작권자에게 일정 비율의 로열티를 지급해야 합니다. 두 번째, 저작권이 소멸한 퍼블릭 도메인public domain, 자유 이용 저작물을 활용하는 방법입니다. 저작권자가 사망한 후 70년이 지나면 저작권이 소멸합니다. 이 경우에는 별도의 동의 없이 자유롭게 사용할 수 있습니다.

실물 작품은 어떻게 NFT로 발행할까?

애플의 창업자인 스티브 잡스Steve Jobs가 1973년에 작성한 입사지원서와 이를 디지털화하여 발행한 NFT가 2021년 7월 경매에 나왔습니다. 한 장짜리 분량의 입사지원서는 스티브 잡스가 리드대학을 중퇴한 뒤에 작성한 것입니다. 3년 후인 1976년에 스티브 워즈니악Steve Wozniak과 함께 애플을 공동 창업하였지요.

경매 결과는 어땠을까요? 원본 문서는 34만 3,000달러(약 4억 4,000만 원)에 낙찰된 반면 NFT는 2만 3,000달러(약 2,900만 원)에 낙찰되었습니다. 이 사례만으로 일반화하는 것은 성급할 수 있지만, 실물 작품을 단순히 스캔하는 방법으로는 원본과 견주기가 어렵습니다. '희소성' '고유성' 등의 측면에서 원본 작품을 어떻게 다룰 것인가 고민해 봐야 합니다.

디지털 아티스트라면 기존 방식대로 작업한 작품들을 바로 NFT로 발행할 수 있습니다. 반면에 실물 작품을 작업해 오던 아티스트들은 많은 연구와 실험을 진행하고 있는데요. 앞선 사례처럼 실물 작품을 스캔하여 NFT로 발행하거나, 실물 작품과 NFT를 페어링하기도 하고요. 작업하는 과정을 영상으로 제작하여 NFT로 발행하거나, VR(Virtual Reality), AR(Augmented Reality)을 활용한 디지털 콘텐츠로 제작한 다음 NFT로 발행하는 등 다양한 시도가 있습니다.

에어드랍과 화이트리스트

NFT 민팅과 관련하여 자주 언급되는 용어로 '에어드랍AirDrop'과 '화이트리스트White List'가 있습니다.

에어드랍은 '공중에서 투하한다'라는 뜻인데요. NFT 시장에서 에어드랍은 무료로 NFT를 나눠 주는 것을 의미합니다. NFT 프로젝트를 시작할 때나 크리에이터들이 새로운 작품을 알릴 때 많이 활용합니다. 마켓플레이스가 허용하면 에어드랍 받은 NFT를 재판매할 수도 있습니다.

화이트리스트는 선별된 일부 인원에게 이익을 주거나 권리를 허용할 목적으로 작성된 목록을 말합니다. '화리'라고 줄여서 부르기도 하고요. '우선 구매 권리'라고 이해하면 쉽습니다. 최근에는 사전 신청한 사람들만 NFT 민팅 시에 참여할 수 있는 화이트리스트 제도를 운영하는 NFT 프로젝트도 등장하였습니다. NFT 민팅 권한을 다른 사람보다 먼저 부여함으로써 커뮤니티를 초기에 형성하고 참여자들의 자발적인 홍보도 유도할 수 있지요.

○ ○ ● ○

step 3.
NFT 아트 판매하기

작업한 디지털 콘텐츠를 NFT로 민팅하였다면 이제 판매하는 단계
입니다. NFT 아트는 기본적으로 NFT 마켓플레이스에서 판매할 수
있습니다. NFT 크리에이터는 마켓플레이스를 통해 중간 유통 단계
없이 구매자와 직접 거래할 수 있는데요. 이러한 직거래는 크리에이
터와 구매자 사이의 유대감을 키워 주고, 작품이 재판매되어도 크리
에이터가 지속해서 자기 작품을 접할 수 있게 합니다.

NFT 마켓플레이스에서는 로열티 설정도 가능합니다. NFT 크리에
이터는 작품을 민팅하면서 직접 로열티를 설정할 수 있습니다. 로열

티 설정을 통해 작가의 권리를 영구적으로 보장받을 수 있게 되는 것입니다. 다만 마켓플레이스별로 거래하는 암호화폐의 종류, 작가 선정 방법 등이 모두 다르므로 어떤 마켓플레이스가 나에게 맞는지 잘 알아보고 선택해야 하겠지요.

디지털 파일을 NFT로 발행하는 것을 민팅이라고 하였는데요. 민팅한 NFT를 판매하기 위하여 마켓플레이스에 등록하는 것을 '리스팅listing'이라고 합니다. 리스팅한다는 것은 NFT를 마켓플레이스에 게재하여 판매자에게 공개한다는 의미입니다. NFT 아트가 리스팅되었다면 판매를 위한 기본적인 준비가 완료된 것입니다.

마켓플레이스마다 조금씩 차이가 있기는 하지만, NFT 아트를 판매하는 방식은 크게 3가지가 있습니다. 첫 번째는 제안받은 가격으로 판매하는 것입니다. NFT 아트를 처음 발행하였거나 작품의 가치를 아직 측정할 수 없는 상태에서는 판매 가격을 정하기 어려울 수 있는데요. 이 방식은 구매 희망자가 가격을 제안하면 판매자가 플랫폼에서 정한 기간 안에 수락 여부를 결정하여 거래하는 것입니다.

두 번째는 경매입니다. 경매는 다시 두 가지 방식으로 나뉘는데요. 낮은 가격에서 시작하여 높은 가격에 낙찰되는 영국식 경매(잉글리시 옥션)와 높은 가격에 시작하여 낮은 가격에 낙찰되는 네덜란드식 경매(더치 옥션)가 있습니다.

세 번째는 고정된 가격으로 판매하는 방식입니다. 판매자가 직접 NFT 아트의 가격을 설정하여 리스팅하는 것입니다. 그런데 만약 오픈씨에서 이러한 방법으로 판매한다면 처음 생각했던 것보다 높은 가격으로 설정하기를 추천합니다. 오픈씨에서는 리스팅 이후에 판매 가격을 높이면 가스피가 발생하기 때문입니다. 반면에 리스팅 이후 가격을 낮출 때는 가스피가 발생하지 않습니다.

NFT 아트의 소유권을 단독으로 파는 것 외에 분할하여 판매하는 방법도 있습니다. 분할 판매가 가능한 플랫폼으로는 '프랙셔널 아트 Fractional.Art' '테사TESSA' 등이 대표적입니다. 하나의 NFT 아트를 토큰 여러 개로 나누어서 판매할 수 있는데요. 이 토큰을 구매하면 분할 판매한 NFT 아트의 지분이 생깁니다. 기업의 주식을 구매하는 것처럼 말이지요.

소유권을 분할하여 판매한다는 개념은 값비싼 미술 작품도 현실적으로 취득할 수 있는 자산이라는 인식을 심어 주었습니다. 미술 시장과 NFT 시장의 진입 장벽을 낮추면서 특히 MZ세대가 대거 유입되는 효과를 가져왔습니다. 분할 소유권을 발행함으로써 컬렉터는 적은 금액으로도 비싼 작품을 소유하는 기쁨을 누릴 수 있고요. 투자 수익 또한 얻을 수 있습니다.

출처: 프랙셔널 아트 홈페이지

NFT 분할 판매 플랫폼 프랙셔널 아트

○ ○ ○ ○ ●

step 4.
NFT 아트 홍보하기

NFT 아트의 판매를 시작하였다면 이제 적극적으로 홍보를 해야 할 차례입니다. NFT 마켓플레이스는 그야말로 거래 장소일 뿐이지 홍보하는 기능이 없습니다. NFT 크리에이터가 스스로 작품을 홍보해야 합니다.

NFT 아트를 홍보할 수 있는 가장 대중적인 매체는 바로 SNS입니다. 특히 트위터가 많이 활용됩니다. 자신의 NFT 작품을 홍보하기에 앞서 국내외의 관심 있는 크리에이터나 컬렉터의 계정을 팔로우하고 관련 태그도 검색하며 다양한 정보를 접하는 것이 좋습니다. 트위터에서는 번역 기능을 지원하고 있어서 해외 아티스트의 트윗을 참고하고 활용하기 쉽습니다. 많은 아티스트가 트위터를 통해 디지털 아트 작업 과정 등을 공유하며 사전 홍보를 진행하고, NFT 발행 후에도 홍보 내용을 꾸준히 공유합니다. 오픈씨와 트위터 계정을 연동할 수 있기 때문에 NFT 발행 이전에 컬렉터와 미리 소통하며 작품 홍보에 도움을 받는 일도 가능합니다.

2015년 설립된 '디스코드Discord'라는 커뮤니케이션 서비스도 있습니다. 원래 게이머gamer들의 소통을 위해 개발되었으나 다양한 커뮤니티를 위한 서비스로 확장되었습니다. 개인 간 음성 및 영상 채팅도 할 수 있고, 커뮤니티를 형성하여 별도의 채널이나 서버도 만들 수 있습니다. 소위 '암호화폐계의 카카오톡'으로 불리며, 현재 대부분의 NFT 프로젝트가 디스코드에서 토대를 다지면서 진행됩니다. 다

암호화폐계의 카카오톡으로 불리는 디스코드

만 디스코드에 처음 입장하기 위해서는 초대가 되어야 하는데요. 초대 링크가 만료되면 접속되지 않습니다. 해킹도 빈번하게 발생하여 안전하지 않은 링크나 출처를 알 수 없는 DM 등은 함부로 클릭하지 않는 것이 좋습니다.

　'쇼타임(www.showtime.xyz)'은 NFT 기반 소셜 플랫폼입니다. 자신의 암호화폐 지갑에 소유하고 있는 NFT를 한곳에서 보여 주는 플랫폼이지요. 2022년 1월에는 NFT 마켓플레이스도 출시하였습니다. 쇼타임에서는 발행한 NFT와 구매한 NFT를 한눈에 보이도록 정리

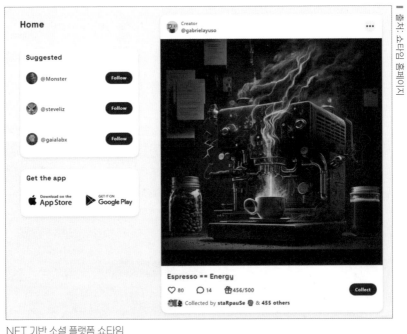

NFT 기반 소셜 플랫폼 쇼타임

하여 나만의 포트폴리오를 만들 수 있습니다. 컬렉터들은 NFT를 구매하기 전에 아티스트의 정보를 살피기 때문에 자신의 색깔을 집약적으로 보여 줄 수 있는 포트폴리오가 중요합니다.

지금까지 NFT 아트 홍보에 유용한 플랫폼 몇 곳을 소개해 보았습니다. 이 외에도 많은 플랫폼을 통해 자기 작품을 홍보할 수 있는데요. NFT 작가 커뮤니티인 '클하 NFT', 국내 최초 NFT 전문 커뮤니티 '엔에프티즈NFT'z' 등과 같은 곳에서도 다양한 정보를 얻을 수 있습니다. NFT 마켓플레이스나 관련 커뮤니티의 뉴스레터를 구독 신청하는 것도 추천합니다.

NFT 전문 커뮤니티 엔에프티즈

19세기 인상주의 화가 르누아르는 "미술 작품의 가치를 말해 주는 지표는 단 하나다. 작품이 판매되는 현장이다"라고 하였습니다. NFT 아트를 제작하는 것만큼이나 홍보 역시 중요합니다. 누구나 크리에이터가 될 수 있는 NFT 아트 시장에서 누구보다 먼저 경쟁력을 확보하기 위해서는 스스로 적극적인 홍보에 나서야 합니다. 온·오프라인을 열심히 둘러보며 부지런히 손품과 발품을 팔아 다양한 정보를 얻는 과정이 꼭 필요하겠습니다.

2. NFT 아트 컬렉터 되기

1904년 미술 애호가였던 기업인 앙드레 르벨Andre level은 12명의 지인을 모아 '곰가죽 클럽'이라는 것을 만들었습니다. 미술품 투자 모임이었지요. '곰가죽'이란 이름은 17세기 프랑스의 시인 라퐁텐La Fontaine의 우화 「곰과 두 친구」에서 유래하였는데요. 돈이 필요했던 두 친구는 곰가죽을 거래하는 상인에게서 아직 잡지도 않은 곰의 가죽값을 미리 받고 사냥을 나갑니다. 그러나 곰 사냥은 실패로 끝나고 맙니다. 미술품에 투자하는 일 또한 곰가죽 거래처럼 미래를 정확히 예측할 수 없는 모험이기에 이러한 이름을 붙인 것입니다.

곰가죽 클럽은 10년간 재능 있는 신진 작가들의 작품을 꾸준히 사들였습니다. 아직 빛을 보지 못한 피카소, 마티스, 고갱 등의 작품들이었습니다. 10년 뒤인 1914년 3월 파리에서 그동안 모아 온 작품 150여 점을 경매에 부쳐 대성공을 거두었지요. 피카소 작품 중에서는 구입 가격의 10배 넘는 금액에 팔린 것도 있었습니다. 피카소는 이 경매를 통해 명성을 얻기 시작하였습니다.

곰가죽클럽으로 본격화된 전문 컬렉터의 역사는 페기 구겐하임

Peggy Guggenheim, 찰스 사치Charlels Saatchi와 같은 슈퍼 컬렉터의 등장으로 이어지며 현대미술사에 톡톡한 기여를 하였습니다. 오늘날 컬렉터들은 미술 시장을 이끄는 사람들로서 트렌드를 만들어 가고 있는데요. NFT 아트는 이러한 컬렉터의 저변을 한층 더 확대하는 계기가 되고 있습니다. 누구나 NFT 아트 컬렉터가 되어 미술 작품을 즐기고 소비하며 투자 수익을 올릴 기회가 찾아온 것입니다.

NFT 아트테크로 돈을 벌 수 있는 수단 중 가장 대표적인 방법, 바로 NFT 아트 컬렉터가 되는 것입니다.

● ○ ○ ○

미술 작품을 사는
이유

2022년 9월 세계 3대 아트페어(아트바젤, 피악FIAC, 프리즈Frieze) 중 하나인 프리즈 서울Frieze Seoul과 한국국제아트페어(KIAF)가 국내에서 처음으로 함께 개최되었습니다. 7만 명이 넘는 관람객이 방문하면서 국내 미술 시장 규모가 1조 원을 돌파할 것이라는 예상이 나왔습니다. 2021년 9,200억 원에 달한 국내 미술 시장이 2022년 상반기에 이미 5,300억 원을 넘어선 것입니다. 이는 저성장 시대에 주식과 부동산의 투자 대체제로서 아트테크 열풍이 이어진 것으로 볼수 있습니다.

미술품 투자는 부동산이나 주식 투자와 달리 세제 혜택도 받을 수 있습니다. 2020년 2월 기준으로 미술 작품을 취득하거나 보유할 때 취득세, 보유세, 재산세가 전혀 부과되지 않습니다. 개인 컬렉터가 내는 세금은 다른 사람에게 양도할 때 발생하는 '양도소득세'와 미술품을 상속받거나 증여받을 때 발생하는 '상속세' '증여세'가 있습니다. 2013년도에 "작고한 작가의 작품 가격이 6,000만 원 이상일 때만 한해 '기타소득'으로 분리 과세한다"는 법이 마련되었는데요. 6,000만 원 이상의 미술품만 과세 대상이고요. 양도일 기준으로 생존해 있는 국내 작가의 작품은 세금이 부과되지 않습니다. 미술품 양도로 생기는 이익은 기타소득에 해당하며, 기타소득 필요경비는 80퍼센트까지 인정하고 있습니다.

아트테크Art-Tech란 아트와 재테크의 합성어입니다. 미술 작품을 통한 수익 실현에 초점을 맞춘 아트테크와 수집과 감상에 초점을 맞춘 아트 컬렉팅Art Collecting을 구별 지어 이야기하기도 합니다. 그러나 이 책에서는 컬렉터의 목적성을 구분하지 않고 미술 작품에 투자한다는 의미를 폭넓게 적용하여 컬렉팅까지 모두 아우르는 개념으로 아트테크를 사용하도록 하겠습니다.

미국의 심리학자 워너 뮌스터버거Werner Muensterberger는 『컬렉팅: 다루기 힘든 열정Collecting: An Unruly Passion』이라는 책에서 사람들은 좋은 미술 작품을 소장하고 있으면 그 작품의 가치가 자기 자신에게 옮겨진다고 믿으며, 자신이 의미 있는 사람이라고 확신하게 된다고 하였습니다. 이를 바탕으로 미술품을 구매하는 이유를 다음과 같이 정리할 수 있겠는데요. 첫째, 미술 작품을 감상하는 즐거움을 느낄 수 있습니다. 둘째, 미술 작품을 꾸준히 감상하다 보면 취향이 생기는데, 이러한 시점에서 마음에 드는 작품을 만나면 갖고 싶다는 소유욕이 피어나기 마련입니다. 셋째, 미술 작품은 시간이 갈수록 가치가 오르고 가격도 상승하는 경향이 있어서 투자의 개념으로 구매하는 것이지요.

그렇다면 NFT 아트를 소유하려는 이유는 무엇일까요? 이 역시 미술품을 구매하는 이유와 다르지 않습니다. 첫째, NFT 아트 작품을 감상하기 위해서입니다. 이러한 변화에 발맞추어 집에서 NFT 아트를 감상하는 방법도 다양해지고 있습니다. 삼성전자는 NFT 플랫폼이 탑재된 TV 소프트웨어인 '스마트허브'를 선보였습니다. TV를 통해 집에서 NFT 아트를 감상하고 구매도 할 수 있는 것이지요. LG전자 역시 거래 플랫폼 'LG 아트랩'을 출시하여 구매한 NFT 아트를 LG TV와 연동하여 감상할 수 있습니다.

구매한 NFT 아트를 전시할 수 있는 온라인 갤러리도 등장하였습니다. 메타버스 플랫폼인 '더 샌드박스'나 '디센트럴랜드'에서는 사용자가 땅을 구매하여 그 위에 자신만의 갤러리를 만들 수 있습니다. 복셀Voxels(이전 명칭: 크립토복셀Cryptovexels) 메타버스 플랫폼은 다

블록체인 기반의 메타버스 플랫폼 복셀

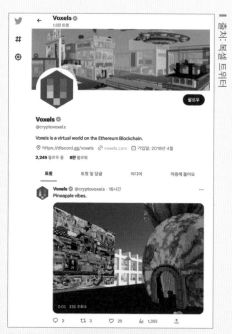

온라인 갤러리로 활용되는 복셀

른 플랫폼보다 갤러리로 많이 활용되고 있는데요. 작품의 이미지 링크만으로도 NFT 아트를 가져와 전시할 수 있고, 자신이 구매한 작품 외에 다른 사람 소유의 작품도 전시할 수 있습니다. 작품을 클릭하면 NFT 마켓플레이스인 오픈씨로 이동하여 바로 거래도 가능하지요.

둘째, 소유하고 독점하고 싶은 마음으로 NFT 아트를 구매합니다. 여기에는 남들에게 보여 주고 싶은 욕구도 함께 작용하는데요. 특히 플렉스로 불리는 MZ세대의 과시 행위는 크립토펑크, BAYC 등과 같은 PFP NFT 구매로 이어졌습니다. PFP NFT는 SNS상에서 프로필로 사용이 가능하여 고가의 NFT로 부를 과시하는 동시에 취향과 정체성을 드러낼 수 있기 때문입니다.

이러한 특성을 반영하여 최근 트위터가 유료 서비스 '트위터 블루' 이용자를 대상으로 NFT 프로필 기능을 선보였습니다. NFT 프로필 사진이 일반 원형 모양의 프로필과 차별되도록 육각형 모양으로 표시됩니다. 프로필 모양에 따라 NFT를 소유하고 있는지 알 수 있게 된 것이지요. 사용자의 프로필을 누르면 해당 NFT가 어떤 마켓플레이스에서 인증되었는지 확인할 수 있습니다.

세계 최대 NFT 마켓플레이스인 오픈씨에서도 인증받은 NFT를 별도로 표시하고 있습니다. 165쪽 이미지에서 BAYC 계정 이름 옆에 파란색 마크를 볼 수 있는데요. 오픈씨로부터 신뢰성을 인증받았음을 의미하는 것으로, 진짜 제작자와 그들이 소유하고 있는 콘텐츠인

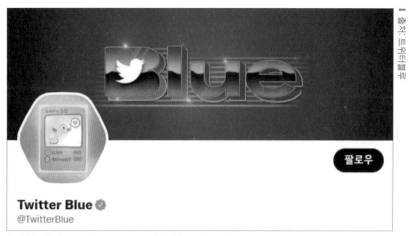

육각형 모양의 프로필로 NFT 소유를 확인할 수 있는 트위터

지를 판단할 수 있습니다. 파란색 마크 위로 마우스를 가져가면 확인된 계정을 뜻하는 '베리파이드 어카운트Verified Account'가 표시되는 것을 확인할 수 있습니다.

셋째, 투자용으로 NFT 아트를 구매하기도 합니다. 저금리·저성장의 시대에 부동산과 주식을 대신할 재테크에 관심이 커지면서 미술 시장 또한 주목받고 있습니다. 아트테크란 미술품에 투자하여 이익을 얻는 것을 말하는데요. 시간이 지나 작품의 가치가 상승하면 판매하여 매매 차익을 얻거나 작품 자체를 임대하여 이익을 얻는 재테크를 뜻합니다. NFT 아트에 투자하는 것도 이와 다르지 않습니다. 시간이 지날수록 가치가 상승할 만한 NFT 아트를 선점하여 수익을

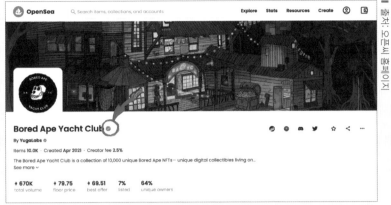

파란색 마크로 인증받았음을 확인할 수 있는 BAYC 오픈씨 계정

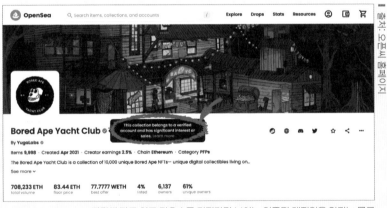

파란색 마크 위로 마우스를 가져가면 보이는 인증된 계정임을 알리는 문구

올리고자 하는 것이지요.

PFP NFT처럼 커뮤니티가 뒷받침된 NFT를 구매하면 다양한 혜택도 받을 수 있습니다. 신세계백화점은 2022년 6월에 메타콩즈와 협업하여 '푸빌라'라는 대표 캐릭터를 NFT로 1만 개 발행하였습니다. 이후 2022년 7월에 푸빌라 NFT 중 미스틱 등급의 〈#3720〉이 최초 발행가인 11만 원보다 300배 넘는 3,000만 원대에 거래되었는데요. 푸빌라 NFT는 종류별로 각각 다른 등급이 부여되고, 그 등급에 따라 백화점에서 이용할 수 있는 혜택도 다르게 제공됩니다. 예를 들어 미스틱 등급의 NFT 소유자는 신세계백화점에서 매달 퍼스트라운지 입장 5회, 멤버스바 커피 쿠폰 3매 등의 혜택을 이용할 수 있습니다.

NFT 아트는 디지털 아트를 NFT로 발행한 것입니다. 다시 말하면 무한 복제가 가능한 디지털 아트에 원본을 구별해 주는 NFT 기술을 입힌 것입니다. 결국 NFT 아트의 본질은 디지털 아트, 즉 예술 작품임을 기억해야 합니다. 그런데 작품의 가치를 고려하기보다는 단순히 금전적인 수단으로 NFT 아트를 바라보는 경향이 있습니다. 이 경우 시장의 거품이 꺼지고 조정 과정을 거치면 투자는 실패로 돌아올 수밖에 없겠지요. NFT 아트를 구매할 때도 금전적 가치에만 급급하기보다는 진정으로 마음에 드는 작품을 고른다는 생각으로 컬렉팅하는 것이 필요합니다.

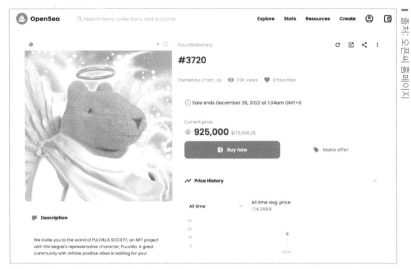

신세계백화점 푸빌라 NFT <#3720> 거래 정보

○ ● ○ ○

미술 시장
알아보기

1480년대 벨기에의 안트베르펜Antwerpen(또는 앤트워프Anterp)은 유럽 설탕 무역의 중심지였습니다. 사람과 물건이 몰려들고, 당시 교회 마당에서는 미술품 시장이 열리기도 하였는데요. 이는 미술품을 거래한 최초의 시장으로 기록되었습니다. 이후 1540년대에는 미술품 거래 상점들이 등장하기 시작하였습니다. 그리고 17세기에는 부유한 네덜란드에서 본격적인 미술 시장이 나타납니다. 시민 계급이 성장하면서 형성되었던 자유롭고 화려한 미술 시장은 해상 무역의 쇠퇴와 튤립 버블 파동으로 막을 내렸습니다. 18세기 미술 시장의

빌렘 반 헤흐트Willem van Haecht, <코르넬리스 반 데어 기스트의 화랑The Gallery of Cornelis van der Geest>, 1628: 네덜란드 화가 루벤스의 후원자 코르넬리스 반 데어 기스트의 화랑 풍경을 그린 작품

중심은 산업 발달로 부를 축적한 영국으로 넘어갔습니다. 세계 경매 시장의 양대 산맥인 소더비(1744년)와 크리스티(1766년)도 이때 설립 되었지요.

미술 시장의 탄생에 관하여 잠시 살펴보았는데요. 미술 시장은 미 술품을 거래하는 시장입니다. 미술품을 창작하는 생산 영역, 미술품 을 전시하고 매매하는 유통 영역, 미술품을 구입하는 소비 영역으로 구분됩니다. 그중에서도 주요 유통 영역에는 경매 회사, 갤러리, 아트페어 등이 있습니다. 경매 회사는 경매를 통하여 미술 작품을 판매하는 곳이고요. 갤러리는 전시를 통하여 미술 작품을 판매하는 곳입니다. 아트페어는 미술품 판매를 목적으로 일정한 공간에서 개최하는 전시 행사를 말하지요.

특히 아트페어는 화랑 협회나 단체들이 갤러리를 모집하여 미술품 거래 시장을 형성합니다. 짧은 시간 동안 엄선된 작품들을 비교해 보면서 구매할 수 있지요. 세계적으로 유명한 컬렉터, 아트 딜러 등을 한곳에서 만나 볼 수 있고요. 단순히 미술품을 거래하는 것 외에도 정보를 교환하고, 인적 네트워크를 구축할 수도 있습니다. 대표적인 글로벌 아트페어로는 아트바젤, 테파프Tefaf, 프리즈 등이 있고요. 국내에서는 1970년대에 최초로 시작된 화랑미술제와 키아프KIAF, 아트 부산Art Busan 등의 아트페어가 있습니다.

2023년 아트페어 캘린더

NFT 아트 시장은 앞에서 언급한 전통 미술 시장으로부터 파생된 다양한 특징을 바탕으로 형성되었습니다. 이와 더불어 코로나19 팬데믹과 NFT 등의 기술 발달, 새로운 소비층으로 급부상한 MZ세대의 등장은 미술 시장의 변화와 성장을 더욱 가속화하고 있습니다. 그러므로 현명한 NFT 아트 컬렉터가 되기 위해서는 과거부터 현재까지 미술 시장의 시대 변화를 읽어 내며 자신에게 맞는 거래 방법을 찾는 것이 중요합니다.

유통 단계로 보는 미술 시장

미술 시장은 유통 단계에 따라 1차 시장, 2차 시장, 3차 시장으로 나뉩니다. 2차와 3차 시장을 묶어서 이야기하기도 합니다.

1차 시장은 작가의 작품이 세상에 첫선을 보이는 시장을 의미합니다. 작가와 작품을 알리는 데 그 의의가 있지요. 2차 시장은 작품의 재판매가 이루어지는 시장입니다. 1차 시장에서 가치를 인정받은 일부 작품만이 2차 시장에 나옵니다. 미술품은 이 세상에 하나밖에 없는 유일한 상품으로, 시간이 지날수록 감가상각되는 것이 아니라 가치가 더해져 가격이 상승합니다. 게다가 감상의 즐거움도 주기 때문에 일반 상품과는 확연히 다릅니다. 1차와 2차 시장은 주로 갤러리나

아트 딜러에 의해 움직이며, 작품이 판매될 경우 작가와 갤러리가 보통 5 대 5로 수익을 나눕니다.

3차 시장은 경매 시장을 말합니다. 경매 회사의 검증을 거쳐 대중에게 팔릴 만한 작품이 선별되어 나옵니다. 2차 시장에서 증명된 작품이 거래되는 곳이지요. 경매 시장에서는 구매자와 판매자(위탁자) 사이에서 낙찰가가 정해지기 때문에 가격 결정이 투명한 편입니다. 경매 수수료는 회사마다 다르지만 구매자에게는 낙찰 가격의 15~20퍼센트 정도를 받고, 판매자(위탁자)에게는 낙찰 가격의 10퍼센트 정도를 받습니다. 낙찰가는 경매에서 낙찰된 금액이고요. 구매가는 낙찰 가격에 낙찰 수수료와 부가가치세를 더한 금액으로 낙찰가와 구분해서 말합니다. 경매는 현장 응찰, 전화 응찰, 서면 응찰 등으로 참여할 수 있습니다. 3가지 방법이 동시에 접수되었다면 서면, 현장, 전화 순으로 우선권이 주어집니다.

세계에서 가장 큰 경매 회사인 소더비는 '베이커와 리Baker and Leigh'라는 이름으로 1744년에 영국에서 설립되었습니다. 사뮤엘 베이커Samuel Baker가 책을 경매로 판매하면서 시작되었으며, 그가 죽은 후 존 소더비Jogn Sotheby가 이어받아 지금의 이름이 되었습니다. 현재 소더비는 뉴욕, 런던을 포함한 40여 개 나라에서 경매를 선보이고 있습니다. 경매, 금융, 프라이빗 세일 3개 부문에서 다양한 서비스를 제공합니다.

1744년 3월 11일 소더비 경매가 처음 열린 런던의 엑세터 익스체인지Exeter Exchange

크리스티 경매 회사는 제임스 크리스티James Christie에 의해 1776년 영국에서 설립되었는데요. 소더비와 함께 오늘날 세계 미술품 경매 총액의 40퍼센트를 차지하고 있습니다.

국내에서는 가나아트센터가 1998년에 서울옥션Seoul Action을 만들면서 경매 시장이 시작되었습니다. 서울옥션과 함께 국내 경매 시장의 양대 산맥으로 불리는 케이옥션K-Auction은 2005년에 설립되었는데요. 갤러리현대, 학고재, 하나은행 등이 대주주로 참여하였습니다. 케이옥션의 설립으로 경쟁 구도가 형성되면서 국내 경매 시장은 2004년 대비 3배 이상 성장하였습니다. 국내 미술 시장의 규모가 크게 확장하는 계기가 되었지요.

미술 시장 유통 단계

1차 시장	발행 시장. 작가의 작품이 1차 유통자인 갤러리(화랑) 등을 통하여 소비자에게 공급되는 시장입니다.
2차 시장	재판매 시장. 1차 시장에서 거래된 작품이 갤러리와 아트 딜러에 의해 다른 소비자에게 재거래되는 시장입니다.
3차 시장	경매 시장. 2차 시장에서 검증된 작품이 경매 회사의 선별 작업을 거쳐 다시 거래되는 시장입니다.

NFT 아트를 거래하는 NFT 마켓플레이스는 1차, 2차, 3차 시장의 역할을 모두 맡고 있습니다. 컬렉터는 NFT 마켓플레이스에서 판매자(작가 또는 작품 소유자)로부터 NFT 아트를 구매할 수 있는데요. 고정된 가격 혹은 경매 방식으로 구매할 수 있습니다. 경매 방식은 낮은 가격에서 시작하여 점차 높은 가격으로 진행되는 잉글리시 옥션과 높은 가격에서 시작하여 점차 낮은 가격으로 진행되는 더치 옥션 방식이 있습니다.

NFT 아트의 등장으로 미술 시장은 커다란 변화를 맞이하고 있습니다. 기존 미술 시장의 유통 채널인 갤러리와 아트페어뿐만 아니라 새로운 온·오프라인 플랫폼에서도 미술품의 거래가 가능하게 된 것입니다.

확장하는 온라인 미술 시장

미술 작품의 온라인 거래는 NFT 아트의 등장으로 갑작스럽게 생겨난 것은 아닙니다. 인터넷이 활성화되면서 온라인 미술 시장 또한 자연스럽게 등장하였습니다. 그러나 전통적인 미술 업계와 컬렉터들은 여전히 실물 작품을 직접 확인하고 거래하는 것을 선호하였기에 온라인 시장은 큰 성과를 얻지 못하였습니다. 2000년에 소더비와 아마존Amazon이 '소더비스닷아마존닷컴Sothebys.Amazon.com'이라는 합작 벤처를 출시하였지만, 2002년에 결국 중단되었습니다.

그러나 시간이 흐르면서 온라인 미술 판매 플랫폼이 다시 나타나기 시작하였습니다. 대표적인 사이트로 컴퓨터 공학을 전공하던 20대 청년 카터 클리블랜드Carter Cleveland가 2009년에 만든 '아트시Artsy'가 있습니다. 아트시는 미술 작품을 감상하고 구매할 수 있는 웹사이트인데요. 2018년부터는 경매도 진행하고 있습니다. 현대

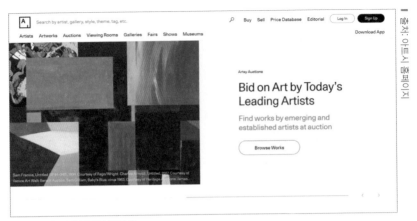

출처: 아트시 홈페이지

온라인 미술 판매 플랫폼 아트시

미술에 대한 방대한 정보를 구축하고 있으며 트위터 창업자인 잭 도시Jack Dorsey, 구글 전 회장인 에릭 슈미트Eric Schmidt 등이 아트시의 투자자입니다.

　그리고 코로나19 이후, 온라인 시장으로의 확장은 필수가 되었습니다. 예술경영지원센터가 발간한 〈2021 미술시장조사〉 보고서에 따르면, 2020년 온라인 미술 시장은 전년 대비 거래액이 2배 증가한 14.6조 원을 기록하였습니다. 시장점유율도 9퍼센트에서 25퍼센트로 높아졌습니다. 2020년 구매자의 67퍼센트가 온라인 채널로 미술품을 구매하였고요. 갤러리의 온라인 거래 규모는 13퍼센트에서 39퍼센트로 증가하였습니다. NFT 아트를 구매하는 NFT 마켓플레이스 역시 온라인 미술 시장 안에 있다고 볼 수 있지요.

소더비의 첫 온라인 라이브 경매 장면

온라인 경매 횟수도 늘어났습니다. 소더비의 경우 2020년 기준 전년 대비 440퍼센트 증가하였는데요. 경매 회사 최초로 생방송 경매를 진행하는 등 팬데믹 상황을 극복하기 위한 노력의 결과로 보입니다. 2021년 상반기 크리스티 경매 낙찰 총액이 약 4조 원 정도라고 하였고요. 경매 낙찰자 중 30퍼센트가 신규 고객이고, 그중에서도 3분의 1이 넘는 고객이 밀레니얼 세대였다고 합니다.

온라인 미술 시장은 MZ세대와 같은 젊은 층을 유입하여 새로운 수요를 창출하였습니다. 갤러리에 가지 않고도 집에서 편안하게 미술품을 감상하고 구입할 수 있어 진입 장벽을 낮추는 효과를 가져왔지요. 미술품 거래 수수료가 오프라인보다 저렴하다는 것도 큰 장점으로 작용하였습니다.

온라인 미술품 경매는 경매를 주최하는 업체의 홈페이지에 회원가입만 하면 누구나 응찰할 수 있습니다. 마감 시간 전에 최고가를 응찰한 사람이 낙찰받게 됩니다. 낙찰 수수료는 가격대별로 상이할 수 있는데, 대략 20퍼센트 내외입니다. 낙찰받은 작품은 직접 픽업이 원칙이며, 픽업이 불가능한 경우 배송을 요청할 수 있습니다. 낙찰을 취소하면 보통 낙찰가의 30퍼센트가량을 위약금으로 내야 하며, 단순한 변심은 환불이 불가능합니다. 경매가 진행되기 전에 프리뷰 전시를 열어 작품을 직접 살펴볼 기회를 제공하므로 상태 등을 미리 확인할 수 있습니다.

갤러리와 아트페어는 점점 커지는 온라인 미술 시장에 발맞추어 온라인 뷰잉룸Online Veiwing Room(OVR)을 도입하기도 하였습니다. 온라인 뷰잉룸은 갤러리 또는 아트 딜러가 작품 사진을 모아서 PDF 파일 형태로 구매자에게 이메일을 보내서 구매를 결정하게 하던 방식이 진화한 것으로 볼 수 있는데요. '온라인 뷰잉룸'이라는 표현은 세계 최대 갤러리 중 하나인 데이비드 즈워너David Zwirner 갤러리에서 2017년에 처음 사용하였습니다. 2020년 기준 자산가의 41퍼센트가 아트페어를 통해 작품을 구매하였으며, 이 중 45퍼센트가 아트페어의 온라인 뷰잉룸을 이용한 것으로 나타났습니다. 이제는 온라인 뷰잉룸이 물리적인 전시 장소를 대신할 공간으로 자리매김하고 있습니다.

<프리즈 서울 2022> 온라인 뷰잉룸

이 밖에도 경매 회사, 갤러리, 아트페어 등 미술 업계는 자체 웹사이트 같은 내부 온라인 시스템과 소셜미디어 같은 온라인 플랫폼을 적극 활용하고 있습니다. 그리고 더 나아가 가상현실(VR), 인공지능(AI) 등의 IT 기술로 실제 작품을 감상하는 것과 유사한 경험을 제공하면서 온라인이라는 한계를 극복하며 영역을 확장하고 있습니다.

이러한 상황 속에서 NFT 기술의 등장은 미술 시장의 온라인화를 더욱 가속화하고 있습니다. 지난 2021년에 소더비는 블록체인 기반 메타버스인 디센트럴랜드에서 실제 갤러리를 재현하였습니다. 메타버스에서 재현된 갤러리를 통해 소더비 경매에 올라왔던 NFT 아트를 전시하고 있는데요. 작품을 클릭하면 소더비 사이트로 바로 연결되어 작품 정보를 확인할 수 있습니다.

2021년 3월에는 비플의 <매일: 첫 5,000일> NFT가 크리스티 온라인 경매에서 6,930만 달러(약 830억 7,000만 원)에 낙찰되었습니다. 경매 시작 가격은 100.3달러(약 13만 원)였습니다. 2,200만 명의 사람이 경매를 지켜보았고, 350명이 경매에 참여하였습니다. 이는 단순한 시장 확장을 넘어 온라인을 매개로 향유되는 미술 자체의 가치가 새롭게 평가되는 사건이었습니다.

　온라인 미술 시장이 확장되고 대형 글로벌 아트페어가 다양하게 열리면서 국내 미술 시장의 저변도 점차 넓어지고 있습니다. 또한 NFT 아트의 확산은 온라인을 통해 미술을 향유하는 문화를 더욱 촉진할 것입니다. 바로 지금이 컬렉터가 될 준비를 시작하기에 절호의 순간일지 모릅니다.

○ ○ ● ○

수익률 높은
NFT 아트테크를 즐기는 방법

　미술 작품은 오랜 시간에 걸쳐 가치가 상승하는 자산입니다. 주식이나 부동산 등과 같은 일반 투자 상품과는 다릅니다. 경제학자인 윌리엄 보몰William Baumol은 미술 시장과 일반 투자 시장의 차이점을 다음과 같이 이야기하였습니다.

　첫째, 미술 작품의 유일성·고유성 등과 같은 특징 때문에 미술 시장과 일반 투자 시장은 다르게 접근해야 한다는 것이고요. 둘째, 미술 작품은 대부분 소유자에 의해 가격이 결정되지만 일반 투자 시장은 시장에 의해 가격이 결정된다는 것입니다. 셋째, 미술 작품은 거래

횟수가 적고 원할 때 바로 거래하기 어려울 수 있지만 금융 시장의 경우 거래가 빈번하다는 것이지요.

미술품은 원할 때 바로 판매하여 현금화하기 어렵고, 객관적인 가격도 정해져 있지 않기 때문에 시장 투명성이 낮습니다. 실물 작품의 경우에는 수수료, 운송비 등의 거래 비용이 추가되기도 합니다. 그렇다면 이러한 단점을 감수하고 미술품에 투자하는 이유는 무엇일까요?

보통 미술품 투자는 작품 감상을 즐기는 것에서부터 시작됩니다. 작가 혹은 작품을 좋아하게 되고, 마음에 드는 미술품을 거래하면서 진정한 컬렉터이자 투자자가 되는 것입니다. 여기에서 단순히 시장 분석만으로 수익을 올리는 일반 투자와 차별화되는 지점이 발생합니다.

그런데 NFT 시장이 확대되면서 디지털 자산으로 NFT 아트를 구매하는 사람들이 생겨났습니다. 미술 애호가가 아닌 투자자들이 미술 시장에 대거 진입한 것입니다. 따라서 현명한 NFT 아트 컬렉터가 되기 위해서는 기존 미술 시장의 속성과 NFT 시장의 속성을 모두 파악해 두는 것이 좋습니다.

투자에 성공하려면 수익성과 안정성을 살펴봐야 합니다. 그런데 미술 작품처럼 금융자산이 아닌 대상에 투자한다면 여기에 환금성까지 더하여 확인해야 합니다. NFT 아트 역시 마찬가지입니다. 환금성이 높은 작품이 투자에 유리합니다. 환금성이 높다는 것은 시장에서 찾는 사람이 많은 작품이라고 할 수 있겠지요. 그렇다면 시장에서 어떤 NFT 아트를 많이 찾을지 고민해 봐야 합니다.

NFT 시장 분석 업체인 논펀저블닷컴에서는 NFT 프로젝트를 평가하는 정량적 기준을 다음과 같이 제시하였습니다. 첫째, 정해진 기간에 성립한 거래의 건수 및 규모를 의미하는 거래량(Trade Volume), 둘째, 복수의 참여자들이 서로 영향을 주고받는 정도를 의미하는 상호작용(Interactions), 셋째, 새로운 거래의 지속 및 빈도를 의미하는 유지력(Retention), 넷째, 프로젝트 관련 SNS 및 미디어 노출로 판단하는 커뮤니티(Community), 다섯째, NFT 시가 총액 합계를 의미하는 자산 가치(Asset Value)입니다.

물론 정량적 평가 외에 정성적 평가도 중요한데, 정성적 평가는 일률적 기준을 갖기 어려울 수 있습니다. 그러므로 NFT 아트 작품의 정보를 최대한 수집해야 합니다. 전통 미술 시장에서도 그림을 구매할 때는 작품의 정보를 파악합니다. 어떤 작가의 작품인지, 작품이 어떤 가치가 있고, 크기는 어떠한지, 어떤 재료가 사용되었는지 등 가격을 결정짓는 여러 요소를 판단하지요. NFT 아트 또한 작가 혹은 프로젝트 주최 측에 관해 알아보고 작품의 의미와 가치 등을 잘 분석해 보는 것이 좋습니다.

NFT 아트를 분할하여 판매할 수 있듯이 구매 역시 여러 사람과 함께 구입한 뒤 소유권을 나눌 수 있습니다. 2021년 8월에 출시된 파티 비드Party Bid라는 서비스인데요. 값비싼 NFT 경매에 참여하고 싶다면 구성원을 모으고 암호화폐 '이더'로 자금도 모금합니다. 경매에서 낙찰받고 구매가 확정되면 구성원들은 이더를 낸 만큼 NFT 소유권 지분을 갖습니다. 소유권 지분은 토큰 형태로 받는데요. 만약 경매에서 낙찰받지 못하면 모았던 이더는 다시 구성원들에게 돌려줍니다.

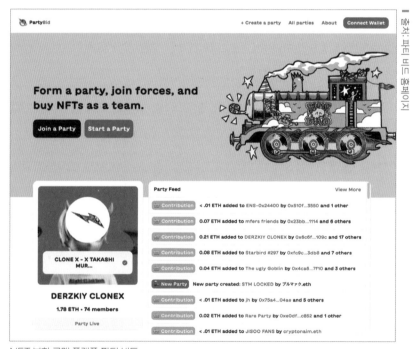

출처: 파티 비드 홈페이지

NFT 분할 구매 플랫폼 파티 비드

이제 NFT 아트 시장에 대한 기본적인 이해를 바탕으로 어떻게 하면 수익률을 올릴 수 있는 컬렉터가 될 수 있을지 좀 더 자세한 방법을 살펴보겠습니다.

검증된 작가의 작품부터!

NFT 아트를 포함하여 미술 작품을 구매하기 전에는 제일 먼저 작가의 정보를 조사해야 합니다. 작가가 꾸준히 작품 활동을 해 왔는지, 어느 갤러리에 속해 있는지, 전시 이력은 있는지 알아보는 것이 중요합니다. 신진 작가라면 미술상 수상 이력이 있는지, **레지던시**residency 입주 이력이 있는지 등을 참고해서 살펴보면 좋습니다.

> **레지던시**는 입주 작가 창작 지원 프로그램을 말합니다. 예술가에게 생활비 및 작업 공간 등을 지원하는 것으로, 일정 기간 동안 특정한 장소에 머물면서 작업 및 전시 활동을 할 수 있습니다.

미술 작품은 시간이 지날수록 가치가 높아지고 가격도 오릅니다. 작가가 추구하는 예술적 이념이 하나의 세계를 이루며 점점 더 견고해지기 때문입니다. 만약에 작가가 활동을 중단하면 그 작가의 작품 전체가 가치를 잃어버리게 될 가능성이 높습니다. 그래서 신진 작가의 작품에는 상대적으로 낮은 가격이 매겨집니다.

NFT 아트의 경우에는 작가가 작품을 실제로 제작했는지도 확인해 볼 필요가 있습니다. NFT가 진품을 증명하는 수단이지만, 악용하는 사례를 주의해야 합니다. 디지털 아트는 복제가 쉽고, 다른 사람의 작품으로 NFT를 발행할 가능성도 있기 때문입니다. NFT 시장에서는 본인 인증 절차도 없고, 규제와 보호 수단이 완전히 마련되지 않은 상황이라는 점을 명심해야 하고요. '돌다리도 두들겨 보고 건너라'라는 속담처럼 컬렉터 스스로 꼼꼼하게 알아보면서 절차를 진행해야 합니다. 작가의 홈페이지와 SNS 등을 통해 이력을 확인하고, 작가에게 대화를 요청하여 직접 작품의 진위를 판단해 본다면 더욱 확실하겠지요.

미술 시장의 불황기를 주목하자

미술 작품을 구매하기에 좋은 시기는 미술 시장의 불황기 때입니다. 불황기에는 작품 가격이 평균보다 낮게 거래되는 경우가 많습니다. 경매에서도 작품을 시세보다 싸게 구매할 수 있는데요. 참여자가 적고 시작가가 낮게 책정되어 좋은 작품을 시세보다 저렴하게 구매할 수 있는 가능성이 큽니다.

NFT 아트는 보통 암호화폐로 구매하기 때문에 암호화폐의 가격 변동도 확인해야 합니다. NFT 시장의 불황기 때는 암호화폐 시세도 하락하겠지요. 2015년 7월 30일 이더리움 암호화폐는 1이더에 약

이더리움 시세 변동 그래프

500원으로 출시되었습니다. 2021년 11월에는 호황을 맞아 1이더에 600만 원 정도를 기록하였지만, 2022년 11월 기준으로는 약 220만 ~230만 원대를 기록하고 있습니다.

이처럼 암호화폐의 시세가 상대적으로 낮게 책정될 때를 주목할 필요가 있습니다. 2021년 4월에 발행된 BAYC는 개당 220달러(약 28만 원) 정도로 출시되었는데요. 1년이 지난 2022년 4월에는 43만 4,000달러(약 5억 6,000만 원)라는 사상 최고가를 기록하였습니다. 1년 사이에 약 1,900배 정도 급등한 것입니다. 그러나 암호화폐 시장도 불황을 맞이하면서 2022년 8월 BAYC의 최저 가격이 10만 7,000달러(약 1억 3,000만 원)를 기록하기도 하였습니다.

부지런히 손품·발품 팔기

NFT 아트테크에 성공하려면 NFT 시장과 미술 시장의 흐름을 잘 파악해야 합니다. NFT 시장과 미술 시장이 호황인지 불황인지, 암호화폐 시세는 어떠한지 부지런히 정보를 수집해야 하지요. 모든 투자가 그러하듯이 남보다 한 발짝 더 나아가기 위해서는 공부를 해야 하는 것입니다.

주식을 하는 사람들이 기업 정보를 알아보고 투자를 하듯이, 성공률 높은 아트테크를 하려면 작품과 작가의 정보를 알아보고 투자해야 합니다. 스테디셀러steady seller를 선택하고, 저평가된 블루칩blue chip 작가를 찾아야 하는데요. 그러기 위해서는 어떤 작품이 스테디셀러인지 조사하고 작가에 관해 공부해야만 합니다.

무엇보다 컬렉터 스스로 안목을 키워 나가야 합니다. 안목을 키우기 위한 가장 기본적이고 쉬운 방법으로 미술관, 갤러리 등을 방문하여 미술 작품을 관람하는 것을 추천합니다. 결국 손품과 발품을 많이 파는 방법이 최선입니다.

사람들은 대부분 성공한 컬렉터의 경제력과 투자 안목에 주목하지만, 그 밑바탕에는 미술에 대한 남다른 애정이 있습니다. 꾸준한 관심으로 정보를 모으고 작품의 가치를 탐구한 것입니다. 이처럼 미술을 좋아하는 마음으로 NFT 아트 컬렉터가 된다면 자산을 축적하는 것뿐만 아니라 평생을 함께할 취미의 영역에 발을 디딜 수도 있습니다.

혹자는 "NFT 세상은 현실 세계보다 7배 빠르다"고 하였습니다. NFT 시장은 이제 막 시작하는 단계이기 때문에 다방면으로 자료를 수집하여 정보의 옥석을 가리는 것이 중요합니다. (NFT 아트테크를 할 때 참고할 만한 웹사이트는 이 책의 192쪽 「NFT 아트테크 판단을 도와주는 웹사이트」에서 살펴보겠습니다.)

작가의 후원자이자 동반자가 되자

르네상스 시대로 거슬러 올라가면 역사상 가장 유명한 컬렉터 '메디치가Medici Family'가 있습니다. 메디치가는 르네상스 시대에 이탈리아의 피렌체에서 막강한 영향력을 행사했던 가문입니다. 15세기에 은행업으로 막대한 부를 축적하며 미술 작품을 수집하고 학교를 운영하였지요. 미켈란젤로Michelangelo, 라파엘로Raffaello, 보티첼리Sandro Botticelli와 같은 르네상스의 주역을 배출하기도 하였습니다. 이로 인해 피렌체는 유럽 문화와 문예부흥 운동의 중심이 되었습니다.

20세기에는 미술품 거래가 활발해지면서 다양한 형태의 컬렉터가 등장합니다. 전통적으로 작가의 후원자는 귀족, 왕실, 교회를 중심으로 형성되었습니다. 그런데 20세기에 자본주의와 자유민주주의가 등장하면서 개인, 갤러리 등 새로운 후원자가 나타났습니다. 추상표현주의 미술의 대표 작가인 잭슨 폴록Jackson Pollock을 발견한 페기 구겐하임은 20세기의 전설적인 컬렉터인데요. 20대 초반 엄청난 부를 상속받고 하루에 한 점꼴로 현대미술 작품을 수집한 것으로 유명합니다. 미국 뉴욕의 솔로몬 구겐하임 미술관, 스페인 빌바오와 독일 베를린의 구겐하임 미술관 등 구겐하임 재단이 운영하는 미술관으로 그 이름을 들어 봤을 것입니다.

영국의 대표적인 현대미술가 데미안 허스트를 발굴한 찰스 사치도 있습니다. 1988년 영국 골드스미스Goldsmiths 대학에 재학 중인 16명의 학생이 〈프리즈Freeze〉라는 이름으로 전시를 하였습니다. 찰스 사치가 이들의 그림을 대거 구매하면서 'YBA(Young British Artists)'라 불리는 젊은 예술가 단체가 주목받기 시작하였습니다. 〈프리즈〉 전시를 기획한 데미안 허스트는 세계적인 슈퍼스타가 되었지요.

이 외에도 미술의 역사에는 너무나도 많은 컬렉터가 있습니다. 작품을 수집하는 컬렉터는 단순한 구매자가 아닙니다. 작가의 후원자인 동시에 동반자입니다. 때로는 미술사의 흐름을 바꿔 놓기도 하는 존재이지요. 무명의 작가를 세계적인 스타로 만들기도 하고, 지역과 사회의 문화적 수준을 끌어올리는 데 기여하기도 합니다. 이러한 컬렉터의 활약은 미술을 사랑하는 마음이 있었기에 가능하였습니다.

미국 뉴욕의 구겐하임 미술관

NFT 시장이 갑자기 커지면서 주식이나 부동산 투자처럼 NFT 아트테크에 접근하는 사람도 많아졌습니다. 물론 잘못된 것은 아닙니다. 그러나 미술 자체에 호감을 가지고 NFT 아트테크를 시작한다면 더 뜻깊은 성과를 얻을 수 있겠지요. NFT 아트의 본질은 예술 작품임을 인식하면서 컬렉터가 되어야 하겠습니다.

지금까지 NFT 아트 구매 시 가치를 판단하기 위한 몇 가지 방법을 이야기하였는데요. NFT 속성상 빼놓을 수 없는 '커뮤니티' 이야기는 뒤에서 별도로 살펴보도록 하겠습니다.

○ ○ ○ ○ ●

NFT 아트테크 판단을
도와주는 웹사이트

현명한 NFT 아트테크를 위해서는 미술 시장과 NFT 시장의 동향을 모두 파악하는 것이 좋습니다. 미술 작품과 NFT 모두 적정한 가격을 책정하기 어려운 자산이기 때문에 아트테크 초보자는 신속하게 판단을 내리고 투자를 결심하기가 쉽지 않습니다. 이때 도움이 되는 웹사이트들을 소개합니다.

| 크립토아트 *www.cryptoart.io* | 크립토아트Cryptoart는 NFT 아트에 전문화된 플랫폼입니다. 슈퍼레어, 니프티 게이트웨이 등

크립토아트의 NFT 마켓 데이터

NFT 아트 마켓플레이스의 거래량을 비교해서 볼 수 있습니다. 최고가 작품, 최근 판매된 작품, 판매량을 기준으로 한 NFT 아티스트 랭킹 등 NFT 아트 시장 전반에 대한 데이터들을 확인할 수 있습니다.

| 댑레이더 www.dappradar.com/nft | 블록체인 시장조사 업체 댑레이더DappRadar에서는 다양한 블록체인 데이터를 알 수 있습니다. 블록체인별 NFT 거래 규모도 쉽게 비교할 수 있고요. NFT 마켓플레이스의 거래량과 순위 정보도 확인 가능합니다. 수요와 공급의 비율, 희소성(같은 NFT 작품이 얼마나 존재하는지)과 유동성(NFT를 얼마나 빨리 현금화할 수 있는지) 등을 종합적으로 고려하여 NFT의 가치를 측정할 수도 있습니다.

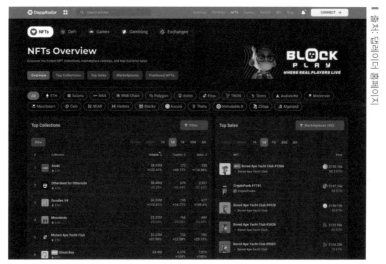

출처: 블레이미 홈페이지

블록체인 시장조사 업체 댑레이더

| **레어리티 툴즈 www.rarity.tools** | 레어리티 툴즈Rarity Tools는 희
귀성을 기준으로 NFT의 순위를 알려 주는 웹사이트입니다.
알고자 하는 NFT의 이름을 검색창에 작성하면 희귀성을 기
준으로 정렬되어 나옵니다. 가격순으로도 확인할 수 있습니
다. 목록에 있는 NFT를 클릭하면 오픈씨로 연결되어 바로 구
매도 가능합니다. 예를 들어 2022년 11월 기준으로 BAYC를
검색하면 〈#7495〉가 1위이고요. 가격이 가장 낮은 원숭이는
〈#9611〉로 약 8만 7,472달러(약 1억 1,000만 원) 정도입니다.

출처: 레어리티 툴즈 홈페이지

레어리티 툴즈에서 검색한 BAYC NFT 희귀도 순위

| 코인마켓캡 *www.coinmarketcap.com* | 코인마켓캡Coinmarketcap
은 전 세계 암호화폐 종류별, 거래소별 거래량 순위를 보여 주
는 웹사이트입니다. 암호화폐 투자가들이 많이 사용하며, 암
호화폐 시장의 전반적인 동향을 한눈에 확인할 수 있습니다.
암호화폐 데이터뿐만 아니라 NFT 정보도 제공합니다. 기간별
최고가 NFT 통계, NFT 프로젝트의 시가 총액 등을 비롯하여
발행 예정인 NFT 프로젝트도 확인이 가능합니다.

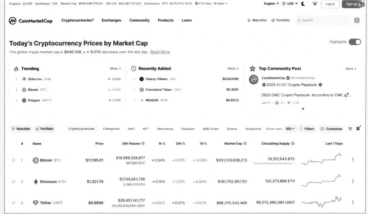

암호화폐 데이터를 제공하는 코인마켓캡

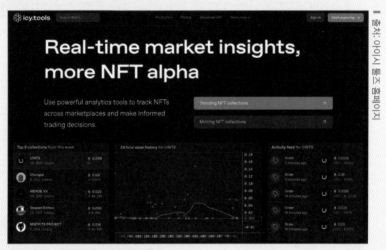

NFT 판매 순위를 제공하는 아이시 툴즈

┃ 아이시 툴즈 www.icy.tools ┃ NFT 마켓 정보 제공 업체인 아이시 툴즈Icy Tools에서는 1분, 5분 등 시간 단위로 판매량 및 판매 가격별 NFT 순위를 파악할 수 있습니다. 또한 암호화폐 시장 동향을 실시간으로 모니터링할 수 있으며, 신규 프로젝트 정보도 바로 알 수 있습니다.

┃ *NFT 캘린더 www.nftcalendar.io* ┃ NFT 캘린더NFT Calendar는 NFT 전문 플랫폼 네스트리Nestree가 2022년 4월에 출시한 서비스입니다. 새로 출시되는 NFT 일정과 이벤트 등 다양한 NFT 정보를 확인할 수 있습니다. NFT 마켓플레이스에 등록된 컬렉션 중 한 주간 주목할 만한 NFT 컬렉션도 살펴볼 수 있습니다. 누구든지 자신의 NFT 관련 일정을 등록할 수 있으나, 승인 개수는 제한됩니다. 검증된 NFT가 등록되는 것은 아니기 때문에 컬렉터가 직접 확인하고 검증해 볼 필요가 있습니다.

세계적인 투자자 워런 버핏Warren Buffett은 "위험은 자신이 무엇을 하는지 모르는 데서 온다"고 하였습니다. 투자로 인해 발생하는 대부분의 위험은 공부도 하지 않고 아무런 준비 없이 뛰어들 때 주로 발생한다는 이야기이지요. NFT 아트테크에도 적용될 수 있는 말입니

다양한 NFT 정보를 제공하는 NFT 캘린더

다. 전통 미술 시장과는 다르게 NFT 아트 시장은 그야말로 누구나 진입할 수 있습니다. NFT는 이제 시작입니다. 이것은 새로운 기회라는 뜻이기도 합니다. 그러나 착실히 준비한 사람과 아무것도 준비하지 않고 뛰어든 사람의 미래를 분명 차이가 있겠지요.

　지금까지 NFT 아트에 투자할 때 도움이 될 만한 웹사이트를 살펴보았습니다. 이 외에도 NFT 커뮤니티에 가입하여 정보를 얻을 수 있습니다. 단단한 내실을 갖춘 NFT 아트 컬렉터가 되기 위하여 적극적으로 정보를 수집하고 활용할 수 있어야 할 것입니다.

3. NFT 아트 커뮤니티 멤버 되기

성공하는 NFT 프로젝트에는 공통점이 있습니다. NFT의 거래와 활용을 이끌어 주는 견고한 커뮤니티가 존재한다는 것입니다.

NFT 기술은 블록체인을 기반으로 합니다. 블록체인은 데이터가 중앙 통제 기관이 아닌 네트워크 참여자들의 수많은 컴퓨터에 저장되는 '분산형 데이터 저장 기술'입니다. 사람들 사이의 연결이 필수적이지요. 바로 NFT의 태생 자체가 커뮤니티를 토대로 한다는 것입니다. Community커뮤니티라는 단어는 일반적으로 공동체, 지역 사회 등을 나타내는 말인데요. 물리적 공간에 형성된 전통적 커뮤니티는 주로 혈연, 지연 등으로 얽힌 반면 디지털 세상의 온라인 커뮤니티는 관심사, 취미, 가치 등을 공유하는 다수의 사람이 모인 집합체입니다.

NFT 커뮤니티를 정의해 보자면 같은 NFT 프로젝트에 관심을 둔 사람들의 모임이라고 할 수 있겠습니다. 커뮤니티 내에 재미있고 도움이 되는 단단한 콘텐츠가 생성되면, 커뮤니티가 활성화되면서 합류하고 싶어 하는 사람이 많아집니다. 이는 자연스럽게 NFT의 거래량을 증가시키고 가격도 상승하게 합니다. 커뮤니티의 가치가 NFT의 가치로 연결되는 것이지요. 이것이 NFT의 가치를 판단할 때 커뮤니티의 활성화와 지속가능성 등을 살펴봐야 하는 이유입니다.

NFT와 커뮤니티는 떼려야 뗄 수 없는 관계입니다. NFT 아트의 가치는 커뮤니티에서 나온다고 해도 과언이 아닐 수 있습니다. NFT 커뮤니티의 일원을 컬렉터로 분류할 수도 있고 컬렉터의 활동 영역 안에 커뮤니티가 포함되기도 하지만, 그 중요성을 고려하여 NFT 아트 컬렉터가 되는 방법과 분리하여 알아보려고 합니다. NFT 아트로 돈을 벌 수 있는 세 번째 방법, 바로 커뮤니티 멤버가 되는 것입니다.

왜 커뮤니티에
주목해야 할까?

크립토펑크와 BAYC는 NFT 시장의 양대 산맥입니다. 그런데 2022년 3월 BAYC의 제작사인 유가랩스가 크립토펑크 지식재산권을 인수하여 큰 이슈가 되었지요.

최초의 PFP NFT 프로젝트인 크립토펑크는 NFT를 소유하고 프로필 사진으로 설정하는 것만으로도 홀더들에게 가치를 주었습니다. 프로필 이미지로 자신의 취향과 부를 과시하면서 정체성을 드러내는 것에 만족하였지요. 이후 시간이 흐르면서 수많은 NFT 프로젝트가 등장하였고, '이 NFT를 왜 사야 하는가?' '이 NFT의 효용성은 무엇

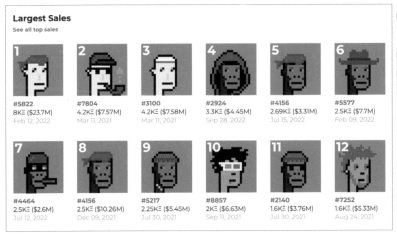

출처: 라바랩스 홈페이지

최초의 PFP NFT 크립토펑크

인가?' 하는 고민이 점차 더해지기 시작하였습니다.

블록체인 전문 미디어 매체인 코인텔레그래프Cointelegraph는 "BAYC 커뮤니티 구성원들은 제작사가 추구하는 가치를 수호할 뿐만 아니라 어떤 잠재적 위험이 있어도 NFT를 보유할 사람들"이라고 하였습니다. BAYC는 NFT 홀더들에게 다양한 혜택을 끊임없이 제공하여 결속력 강한 커뮤니티를 만들었습니다. NFT를 단순히 소유하던 개념에서 혜택을 통해 경험을 제공하는 단계로 진화시킨 것입니다.

크립토펑크의 홀더들은 NFT를 프로필 사진으로 올리는 것 외에는 달리 활용할 방법이 없었습니다. 반면에 BAYC는 사용 범위에 별도의 제한을 두지 않고 구매자가 상업적으로 이용할 수 있게 하였습니다. BAYC 홀더들은 NFT를 프로필 사진으로 올리는 것 외에도 다양하게 상품화하여 활용하는 일이 가능하였습니다. NFT 아트 자체의 가치 상승에 따른 수익과 여러 가지 커뮤니티 혜택뿐만 아니라 NFT 캐릭터로 만든 제품 등을 통해 또 다른 이익도 창출할 수 있었던 것입니다. 이에 따라 BAYC의 커뮤니티는 자연스럽게 활성화되었고, BAYC의 가치 역시 상승하였습니다.

BAYC의 성공은 NFT 프로젝트와 커뮤니티의 상호작용이 얼마나 중요한가를 보여 주는 대표적인 사례입니다. NFT의 가치를 높이기 위해서는 탄탄한 커뮤니티의 형성이 필수적이며, 이러한 커뮤니티를 형성하기 위해 NFT 아트 프로젝트는 다양한 혜택과 활용 가능성을 고민합니다.

유가랩스의 지식재산권 인수로 크립토펑크 홀더들은 기존에 없던 상업적 권한을 얻게 되었습니다. 또한 PFP NFT를 대표하는 BAYC와 크립토펑크 세계관의 호환도 기대해 볼 수 있게 되었지요. 유가랩스는 커뮤니티를 바탕으로 큰 성공을 이룬 BAYC를 본보기로 크립토펑크 커뮤니티를 활성화하고 NFT의 가치를 더욱 높일 것입니다.

커뮤니티의 중요성은 점점 더 커지는 추세입니다. 이제는 오히려 커뮤니티를 형성하려고 NFT를 이용하는 경우도 흔하게 찾아볼 수 있는데요. 국내에서도 많은 대기업이 브랜드의 팬덤을 구축하기 위하여

NFT 사업을 추진하고 있습니다.

현대자동차는 '메타모빌리티 유니버스Metamobility Universe'라는 세계관을 바탕으로 NFT 사업에 진출하였습니다. 디지털 기술로 시공간을 초월하고 이동과 경험의 제한을 없앤, 현대차가 상상하는 미래의 모습을 NFT로 표현한 것입니다. 현대자동차는 NFT가 브랜드의 새로운 디지털 접점이 되어 팬덤을 형성할 수 있다고 보았습니다. NFT를 통해 고객이 직접 브랜드에 참여하고 소통하는 경험을 제공하고자 하였습니다. 메타콩즈와 협업하여 1만 개의 3D 고릴라 NFT를 발행하였고요. NFT 시장 진출을 기념하기 위해 30개의 특별한 NFT를 선행 판매하기도 하였습니다.

2022년 5월 9일에는 현대자동차가 자체 제작한 별똥별 NFT 1만 개를 발행하였습니다. 이 별똥별은 무한한 에너지를 지니고 지구에 떨어진 특별한 존재인데, 탐험하고 싶은 장소에 따라 새로운 형태의 메타모빌리티로 변한다고 합니다. 별똥별에서 변환된 모빌리티의 이름은 '모베드MobED, Moblie Eccentric Droid'입니다. 이동 목적에 따라 다양하게 진화하는 모빌리티라고 합니다.

2022년 5월 말 1만 개의 별똥별 NFT는 홀더의 암호화폐 지갑에서 모베드 NFT로 변환되었습니다. 동일한 별똥별 NFT를 가지고 있던 홀더들은 조금씩 다른 NFT를 소유하게 된 것입니다. 이런 방식을 '리빌Reveal'이라고 하는데요. '비밀 등을 드러내다'라는 뜻처럼 구매

출처: 현대자동차 홈페이지

현대자동차와 메타콩즈의 NFT 프로젝트

출처: 현대자동차 홈페이지

현대자동차가 발행한 별똥별 NFT와 별똥별이 변환된 모베드 NFT

시에는 특성이 공개되지 않은 채 암호화폐 지갑으로 들어온 NFT가 특정 시점이 되었을 때 고유한 특징을 드러내는 것을 말합니다. 현대자동차는 이 모베드 NFT를 소유한 홀더들을 위하여 다양한 혜택을 마련하고 있습니다. 현대자동차 NFT 커뮤니티 형성을 통해 브랜드의 강력한 팬덤을 구축하려는 것이지요.

스타벅스 역시 2022년 말에 NFT 멤버십 프로그램인 '스타벅스 오디세이'를 출시한다고 밝혔습니다. 고객들이 스타벅스 오디세이에서 게임이나 퀴즈에 참여하면 '여정 스탬프 NFT'라는 보상이 주어집니다. 스타벅스 오디세이 내 매장에서는 한정판 스탬프 NFT도 살 수 있습니다. 진입 장벽을 낮추기 위해 암호화폐가 아닌 신용카드로 직접 NFT를 구매할 수 있게 하였습니다. NFT를 통해 소비자 충성도를 강화하고 단단한 커뮤니티를 구축하여 궁극적으로 스타벅스만의 새로운 경험을 제공하기 위해서지요.

이 외에도 신세계백화점의 푸빌라 NFT, 롯데홈쇼핑의 벨리곰 NFT, LG유플러스 무너 NFT 등이 이미 출시되어 큰 관심을 모았습니다. 기업들의 NFT 활용 방법은 앞서 살펴보았던 '유틸리티 NFT'의 형태를 띠고 있습니다. 자사 브랜드의 커뮤니티 형성을 목적으로 다양한 혜택을 제공하지요. 이렇게 구축된 커뮤니티는 브랜드의 생태계를 확장하고 진정한 팬들을 결집하며, NFT의 소장 가치와 지속성을 유지하는 데 기여합니다.

블록체인 플랫폼 폴리곤Polygon과 스타벅스가 협력한 NFT 멤버십 프로그램 오디세이

그러면 우리는 어떤 커뮤니티의 멤버가 되어야 할까요? 커뮤니티의 가치가 곧 NFT 가치로 이어지기 때문에 어느 커뮤니티에 들어갈 것인지 심사숙고해서 결정해야 합니다. 커뮤니티의 가치를 판단하려면 어떤 점을 고려해야 하는지 이어서 살펴보겠습니다.

○ ● ○

커뮤니티의 가치를
판단하는 방법

소유 경제 시대를 넘어 체험 경제 시대가 되면서 소비자들은 경험에서 오는 즐거움에 가치를 두기 시작하였습니다. 단순히 제품을 소유하는 것뿐만 아니라 소비자가 제품을 통해 무엇을 어떻게 느끼고 체험하는가가 중요해진 것입니다.

체험을 중시하는 소비자들은 브랜드를 이용하였던 경험을 공유하기 위해 모이는데요. 이를 '브랜드 커뮤니티brand community'라고 합니다. 좋아하는 브랜드를 향한 호감을 바탕으로 한, 공통된 흥미나 목적을 가진 사람들의 집합체라고 볼 수 있습니다.

브랜드 커뮤니티에 관한 연구를 살펴보면, 커뮤니티 멤버들은 적극적이며 깊이 몰두하는 특성이 있습니다. 제품을 사용하면서 브랜드의 특징과 자신의 정체성을 동일시하고 더욱 충실한 소비자가 됩니다.

재미있는 사실은 NFT 역시 소유에서 체험을 중시하는 흐름으로 진화하고 있다는 것입니다. 앞에서 살펴본 크립토펑크와 BAYC의 사례처럼 말이지요. 신세계백화점, 현대자동차, 스타벅스 등의 기업이 NFT 시장에 진출하는 이유 또한 이러한 흐름과 연관이 있습니다. 다양한 체험을 제공하는 NFT를 이용하여 소비자를 끌어들이고 브랜드 커뮤니티를 형성하고자 하는 것입니다.

BAYC의 제작사 유가랩스는 "BAYC의 최종 목표는 커뮤니티 소유의 세계적인 브랜드를 만드는 데 있다"고 하였습니다. 결국 NFT 커뮤니티가 나아가야 하는 방향은 NFT를 매개로 한 브랜드 커뮤니티입니다. 우리가 소유한 NFT 아트가 궁극적으로 높은 수익률을 올릴 수 있는 자산이 되려면 소속된 NFT 커뮤니티, 즉 NFT를 발행한 브랜드의 가치가 높아져야 하는 것이지요.

따라서 어떠한 NFT 커뮤니티에 가입해야 할지, 어떻게 커뮤니티의 가치를 판단해야 하는지는 성공한 브랜드 커뮤니티를 참고해 보면 그 답을 찾을 수 있습니다. NFT 커뮤니티를 만들려고 하는 크리에이터를 비롯하여 NFT 프로젝트의 주최 측에서도 마찬가지로 참고해 보면 좋을 만한 내용입니다.

할리데이비슨의 H.O.G.처럼!

대표적인 브랜드 커뮤니티로 할리 오너스 그룹Harley Owners Group(HOG)이 있습니다. 할리 오너스 그룹은 할리데이비슨 Harley-Davidson을 소유한 사람들이 모인 브랜드 커뮤니티입니다. 할리데이비슨은 1903년 미국에서 시작된 대형 고급 모터사이클 브랜드의 이름이지요. 할리 오너스 그룹은 1983년에 만들어졌습니다. 할리데이비슨 브랜드와 소비자 사이의 결속을 다지기 위하여 생겨났습니다. 전 세계적으로 100만 명이 넘는 회원을 보유한 세계 최대의 모터사이클 커뮤니티입니다.

할리데이비슨의 전 CEO인 본 빌스Vaughn Beals는 "할리데이비슨이 파는 것은 바이크가 아니다. 우리는 체험을 판다"라고 하였습니

ㅣ출처: 할리데이비슨 홈페이지

할리 오너스 그룹 표장

다. 할리 오너스 그룹에서는 할리를 상징하는 점퍼, 티셔츠, 두건 등을 공동으로 구매하고 잡지와 뉴스레터에 실린 모터사이클 정보를 공유합니다. 라이딩riding 이벤트도 진행하며, 서비스센터나 도난 보상 프로그램 같은 편의도 제공하고 있습니다. 한 연구에 따르면 할리 오너스 그룹의 일원은 보통의 할리데이비슨 소유자보다 관련 물품을 30퍼센트 정도 더 구입한다고 합니다. 할리데이비슨은 할리 오너스 그룹을 통해 라이더rider의 라이프스타일과 문화를 판매함으로써 막강한 팬덤을 갖춘 브랜드로 성장하였다고 볼 수 있지요.

할리데이비슨의 라이프스타일 잡지 「The Enthusiast」

세계관과 로드맵 알아보기

주목받는 브랜드 커뮤니티 중에는 고유한 '세계관'을 가진 곳이 많습니다. 여기서 세계관이란 브랜드가 담고 있는 이야기라고 할 수 있습니다. 사실 세계관이라는 말에는 세계를 바라보는 '관점' '사고방식'이라는 의미와 가상으로 설정된 시간적, 공간적, 사상적 '배경'이

가치소비는 소비자가 자신이 지향하는 가치를 기준으로 상품을 구매하는 것을 말합니다. 가치를 중심으로 다양한 상품을 비교하고 꼼꼼히 따져 합리적인 소비를 하는 특성이 있지만, 무조건 가성비를 따지는 것이 아니라 지향하는 가치를 충족하는 상품에는 과감한 투자를 하기도 합니다.

라는 의미가 같이 사용되고 있지요. 이는 **가치 소비**로 연결되어 브랜드의 차별성을 만들어 줍니다. 단순한 팬을 넘어 두터운 팬덤의 형성으로 이어지며 브랜드 충성도로 연결됩니다. 대표적인 사례로 BTS, 마블 시리즈, 해리포터, 포켓몬, 펭수 등이 있는데요. BTS의 세계관을 잠깐 살펴보겠습니다.

방탄소년단(BTS)은 'BU(BTS Universe)'라는 세계관을 가지고 있습니다. 가상으로 설정된 세계에서 각자 캐릭터를 부여받은 BTS 멤버들은 자아를 찾아 떠나는 청춘의 여정을 이끌어 갑니다. BU 세계관의 바탕에는 누구나 공감할 만한 성장 스토리가 중심에 있습니다. 이러한 세계관은 BTS의 음악, 퍼포먼스, 뮤직비디오 등과 세밀하게 연결되어 있고요. 웹툰, 게임, 캐릭터 제품 등 다양한 파생 상품을 통해 부가가치를 창출하고 있습니다. 더 나아가 '아미ARMY'라는 1,000만 명이 넘는 글로벌 팬덤 형성에 기여하였는데요. 중요한 것은 BTS의

BU 세계관을 다룬 웹툰 〈화양연화〉

세계관은 팬클럽 아미의 참여를 통해 완성되었다는 것입니다. BTS 와 아미는 세계관을 매개로 상호 관계를 구축하고, 이는 다시 BTS에 대한 견고한 지지로 이어지고 있습니다.

　세계관의 중요성은 NFT 시장에서도 두드러집니다. 이는 BAYC 의 커뮤니티가 성공한 가장 큰 이유이기도 합니다. BAYC는 가상자산 가격의 급등으로 큰 부자가 되어 세상의 모든 것에 지루해져 버린 원숭이들이 늪지에 아지트를 만들어 숨어 버렸다는 이야기인데요. BAYC 홀더 역시 지루한 원숭이들처럼 그들만의 비밀 클럽의 일원 이 된다는 것이 기본 콘셉트입니다. 이러한 세계관을 공유하며 다양

BAYC 세계관을 엿볼 수 있는 이미지

한 이벤트를 개최하고, 추가적인 수익을 창출할 수 있게 하면서 소속 감을 부여하지요. 이는 BAYC의 생태계를 확장하면서 가장 성공한 NFT 커뮤니티로 성장할 수 있게 하였습니다.

브랜드 세계관이 갖춰야 할 조건으로 '고유성Signature' '개방성 Openness' '지속가능성Sustainability'이 있습니다. 이 3가지 조건은 NFT 커뮤니티의 가치를 판단할 때도 적용해 볼 수 있는데요. 첫째, 해당 NFT 아트의 고유한 가치나 특징이 세계관에 반영되어 있는지 (고유성) 살펴야 합니다. 둘째, 누구든지 참여하여 재생산이나 확산 을 이룰 수 있는지(개방성)도 중요합니다. 셋째, 장기적이고 연속적으로 이어질 수 있는지(지속가능성) 고려해야 합니다.

 NFT 커뮤니티의 가치를 판단할 때 세계관뿐만 아니라 로드맵road map도 주의 깊게 살펴봐야 합니다. 로드맵이란 어떤 일을 추진하기 위해 필요한 목표, 기준 등을 담은 종합적인 계획을 말하는데요. 한 마디로 NFT 프로젝트의 사업 계획서라고 할 수 있습니다. NFT의 가치를 어떻게 높일 것인가에 대한 구체적인 계획입니다.

 로드맵대로 프로젝트가 실행되고 커뮤니티의 정체성이 단단하게 확립되면 NFT의 가치도 상승합니다. 로드맵은 NFT 프로젝트의 공식 홈페이지나 SNS를 통해 확인할 수 있습니다. 로드맵을 확인할 때는 소유자에게 실질적으로 유용한 내용인지 잘 판단하고, 실제로 이행되는지도 지켜봐야 합니다.

 BAYC는 2021년 9월에 '로드맵 2.0'을 발표하고 공식 트위터에 공지하였습니다. 그 내용을 살펴보면, 매년 10월 31일에서 11월 6일까지 에이프 페스트APE Fest라는 이름의 축제를 개최하고 BAYC와 MAYC(Mutant Ape Yacht Club, 돌연변이 원숭이들의 요트 클럽)의 3D 이미지도 제공한다고 합니다. 실제로 그해 11월에 BAYC 홀더를 위한 요트 파티가 진행되었습니다. BAYC의 생태계를 다오로 운영할 계획과 2035년에 미국 마이애미에서 더 샌드박스를 통한 이벤트도 진행할 계획이 있음을 알 수 있지요.

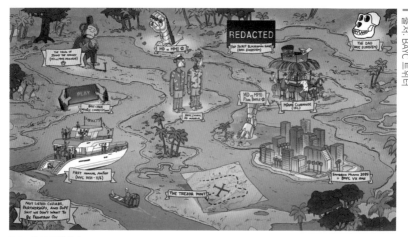

BAYC 로드맵 2.0

프로젝트팀을 살피자

NFT 아트를 구매하기 전에 작가를 먼저 살펴보는 것과 같은 맥락으로 커뮤니티에 가입하기 전에는 운영 주체인 프로젝트팀을 잘 알아봐야 합니다.

NFT 컬렉터 스티브 카진스키Steve Kaczynski와 스캇 듀크Scott Duke Kominers 교수는 『하버드 비즈니스 리뷰』라는 잡지에서 성공적이라고 평가되는 NFT 프로젝트의 특성을 다음과 같이 말하였는데요. "성공한 NFT 프로젝트들은 NFT를 의미 있게 사용하고, 커뮤니티를 활용하고, 지속적인 커뮤니티 참여를 유지시키기 위해 프로젝트를 실행해 나가는 것에 대한 자신감을 보여 주며, 새로운 사용자들이 NFT 프로젝트에 접근할 수 있도록 만들어 준다"고 하였습니다. 프로젝트팀은 이러한 특성을 잘 이해하고, 실현하기 위해 노력해야 합니다. 가입하고자 하는 NFT 커뮤니티가 있다면 먼저 분위기를 살피는 것이 좋습니다. 프로젝트팀의 비즈니스 역량은 어떠한지 검토하고, 홀더들과의 소통이 활발한지 확인해야 합니다.

앞서 이야기하였듯이 NFT 커뮤니티의 지향점은 브랜드 커뮤니티가 아닐까 합니다. NFT 프로젝트가 하나의 브랜드가 되어 가치가 상승하여야 하는 것이지요. NFT 커뮤니티는 특정 NFT를 좋아하거나 관심 있는 사람들이 서로 '연결'되어 있는 모임입니다. 커뮤니티 멤버들의 연결이 깊을수록 커뮤니티의 결속력도 단단해집니다. 커뮤니티의 세계관, 로드맵, 운영팀 등을 살펴보는 것도 중요하지만 커뮤니티 내의 결속력을 포함한 분위기 등도 잘 살펴봐야 하겠습니다.

○ ○ ●

커뮤니티 기반의
PFP NFT에 주목하라

제너레이티브 아트 살펴보기

NFT 커뮤니티의 일원이 되기로 마음먹었다면 PFP NFT 프로젝트를 눈여겨볼 필요가 있습니다. 많은 PFP NFT가 커뮤니티를 토대로 성공하였기 때문입니다.

그 전에 먼저 '제너레이티브 아트'란 과연 무엇인가 살펴보는 것을 시작으로 PFP NFT의 특징과 가치에 관해 알아보려고 합니다. 제너레이티브 아트에 대해서는 이 책의 앞부분 「NFT 아트의 역사」에서도 잠깐 살펴보았는데요. 바로 크립토펑크, BAYC 등과 같은 PFP NFT 가 제너레이티브 아트에 해당한다는 이야기였습니다. 제너레이티브 아트를 직역하면 '생성 예술' '발생 예술'이라는 뜻입니다.

제너레이티브 아트는 시스템을 사용하여 생성된 예술로 비非디지 털Non-Digital과 디지털 예술 모두를 포함하는 개념입니다. NFT 아 트 시장에서는 많은 사람이 PFP NFT와 제너레이티브 아트를 동일 한 개념으로 사용하기도 하는데, 엄밀히 말해서 PFP NFT는 디지털 기반 제너레이티브 아트에 포함되는 개념입니다.

필립 갤란터Philip Galanter는 「제너레이티브 아트는 무엇인가? What is generative art?」라는 논문에서 제너레이티브 아트를 일컬어 "예술가가 시스템을 사용하여 어떤 예술 행위를 하는 것으로, 컴퓨 터 프로그램, 기계 또는 다른 순차적으로 진행되는 조정을 통해 자동 으로 결과를 만들어 내거나 예술 작품 전체로서 결과가 보이게 하는 것"이라고 하였습니다.

비주얼 아티스트이자 작가인 레지아 마린호Regia Marinho는 〈미디 엄Medium〉이라는 온라인 출판 플랫폼에 제너레이티브 아트란 "일반 적으로 우연의 요소를 포함하는 미리 결정된 시스템을 사용하여 만 들어진 예술로, 전체 또는 일부가 자율 시스템을 사용하여 생성된 예 술"로 정의한 바 있습니다.

NFT 시장에서는 많은 사람이 제너레이티브 아트를 컴퓨터 알고리즘으로 생성되는, 컴퓨터 예술의 하나로 언급합니다. 그러나 넓게 보면 컴퓨터의 사용 유무와 관계없이, 작품을 만드는 특정한 시스템에 의해 생성되는 예술임을 알 수 있습니다. 여기서 시스템은 인공적인 것뿐만 아니라 대칭, 반복 등과 같은 자연적 시스템까지 모두 포함하는 개념입니다. 그러므로 비디지털 예술도 제너레이티브 아트에 해당할 수 있습니다.

자율 시스템에 따라 새로운 질서와 현상이 생겨나기 때문에 제너레이티브 아트는 예측 불가능성, 자율성, 무작위성 등의 특징을 갖게 됩니다.

제너레이티브 아트의 종류

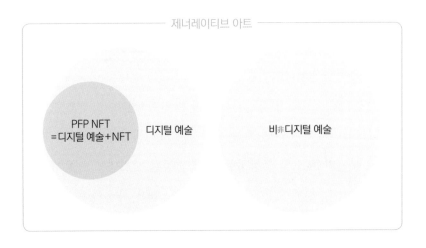

제너레이티브 아트의 전신

비디지털 예술까지 포함하는 넓은 개념으로 제너레이티브 아트를 살펴보면, 추상표현주의 대표 작가 잭슨 폴록의 액션 페인팅Action Painting이나 솔 르윗Sol Lewitt의 개념 미술 등에서 그 전신을 찾을 수 있습니다.

잭슨 폴록의 액션 페인팅은 의식의 흐름을 그대로 기록하는 초현실주의의 자동기술법Automatism에 영감을 받아 탄생하였다고 하는데요. 즉흥적 감정을 신체를 이용하여 표현하거나, 물감을 떨어뜨리거나 뿌리는 방식으로 표현하는 것을 말합니다. 이러한 연속적인 행위 속에서 작품이 생성되는 것이지요.

잭슨 폴록, <넘버 31Number 31>, 1950

솔 르윗은 1960년대 개념 미술과 미니멀리즘의 창시자 중 한 명으로 "아이디어가 예술을 만드는 기계가 된다"고 하였습니다. 개념과 계획 자체가 예술 작품이 될 수 있다고 여긴 것입니다. 솔 르윗의 대표작인 〈월 드로잉Wall Drawing〉은 작품 개수가 무려 1,200점이 넘습니다. 모두 똑같이 〈월 드로잉〉이라 불리는 이 작품들은 제목 뒤에 붙는 숫자로 구별됩니다. 벽에 연필이나 분필 등으로 직접 드로잉한 작품들입니다. 그런데 르윗이 직접 제작한 것은 작품을 그리는 방법이 들어간 증명서와 도안뿐이라는 점에 주목해야 합니다. 실제로 벽에 드로잉한 것은 제도사Draftsman들이었다고 합니다. 증명서에는 르윗이 아이디어를 제공하였다는 사실과 진품임을 인증하는 문구, 작가의 서명, 그리고 벽에 직접 드로잉한 제도사들의 이름이 적혀 있습니다.

제너레이티브 아트 중 디지털 아트, 컴퓨터 아트가 등장하기 시작한 것은 1960~1970년대입니다. 2022년 4월에 소더비는 1960년대부터 오늘날까지 제너레이티브 아트의 역사를 아우르는 작품들로 경매를 진행한 적이 있습니다. 1960년대에 등장한 베라 몰나르Vera Molnar, 찰스 츠리Charles Csuri, 로만 베로스트코Roman Verostko의 작품들이 NFT로 처음 발행되어 선보였습니다.

최근에는 직접 코딩하지 않아도 누구나 제너레이티브 아트를 제작할 수 있는 프로그램이 나왔습니다. 대표적인 예로 '비주얼 스튜디오

솔 르윗, <월 드로잉 #260>, 1975

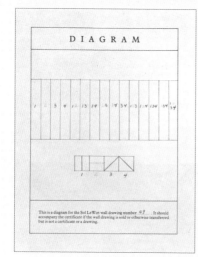

<월 드로잉> 증명서 및 도안

A UNIVERSAL TURING MACHINE
SELF PORTRAIT
VERSION: F0.UTM

NFT로 발행한 로만 베로스트코의
<A Universal Turing Machine Self Portrait F0.UTM>

제너레이티브 아트 제작 프로그램 큐큐엘

코드(code.visualstudio.com)' '큐큐엘(www.qql.art)' 'NFT 아트 제너레이터(nft.appsus.co.uk)' 등이 있습니다. 누구든지 다양한 요소를 선택하여 바로 제너레이티브 아트를 제작할 수 있는 프로그램들입니다. 물론 이렇게 만든 작품을 NFT로 발행하는 것은 별도로 진행해야 하겠지요.

제너레이티브 아트와 NFT의 만남

디지털 기반의 제너레이티브 아트가 급기야 NFT 기술과 만나 2017년 최초의 PFP NFT 프로젝트인 크립토펑크가 탄생합니다. 컴퓨터 알고리즘이 캐릭터 구성 요소를 랜덤하게 조합하여 1만 개의 NFT를 제작한 것입니다. 크립토펑크 이후 PFP NFT는 1만 개 정도를 발행하는 것이 관례가 되기도 하였습니다. NFT의 소장 가치를 높이고 지속성을 유지하기 위해서입니다.

PFP NFT는 특히 투자 자산으로써 매력적인 NFT 아트입니다. 예술 작품은 유일무이하다는 특성 때문에 그 가치가 높게 평가됩니다. 그런데 정작 판매하려고 할 때 조건에 딱 맞는 구매자를 찾지 못하면 높은 가치를 제대로 누리지 못합니다. 희소성이란 특징이 양날의 칼이 될 수 있다는 것인데요. 작품의 가치를 높여서 이익이 될 수도 있지만, 대중성 없는 자산으로 전락하면 단점이 될 수도 있습니다. PFP NFT가 이러한 문제를 보완할 수 있는 것입니다. 동시에 발행된 PFP NFT는 각각의 고유성을 지니고 있지만 발행된 개수만큼 유사한 디자인이 존재하기 때문에 대체 가능성 또한 확보하고 있습니다. 예를 들어 PFP NFT를 1만 개 발행하였다면, 대체할 수 있는 1만 가지의 NFT가 있어 거래 가능성이 높아집니다.

PFP NFT는 대량 발행되기 때문에 홀더들 사이에 커뮤니티가 형성될 수 있다는 점도 큰 장점입니다. 커뮤니티에 주어지는 혜택을 통해 추가적인 수익 창출도 기대할 수 있습니다. PFP NFT 프로젝트팀은 홀더들만 누릴 수 있는 다양한 혜택을 끊임없이 제공함으로써 결속력이 강한 커뮤니티를 만듭니다. 그렇게 커뮤니티의 가치가 높아질수록 NFT의 가치 역시 상승합니다.

이 외에도 PFP NFT 커뮤니티의 일원이 되면 프로젝트팀에서 운영하는 홈페이지나 SNS 등을 통해 관련 정보를 쉽게 접할 수 있습니다. 수량이 많다 보니 '가격대'가 형성되어 소유한 NFT의 가격을 가늠해 보기도 좋습니다.

이처럼 PFP NFT는 투자 유동성, 든든한 커뮤니티의 존재, 다양한 혜택 등의 장점을 갖추고 있어 NFT 시장에서 꾸준히 수요가 있습니다. 특히 NFT 아트테크를 시작하고 커뮤니티의 일원이 되고자 한다면 PFP NFT에 관심을 기울일 수밖에 없습니다. PFP NFT는 직접 소유하지 않더라도 NFT 커뮤니티가 어떻게 활성화될 수 있는지 알아볼 수 있는 좋은 표본이기 때문입니다.

다만 NFT 시장이 급격히 커지면서 PFP NFT 프로젝트가 우후죽순으로 생겨난 경우도 있습니다. NFT의 옥석을 가리는 일은 컬렉터 자신에게 있음을 명심하고 커뮤니티를 선택해야 하겠습니다.

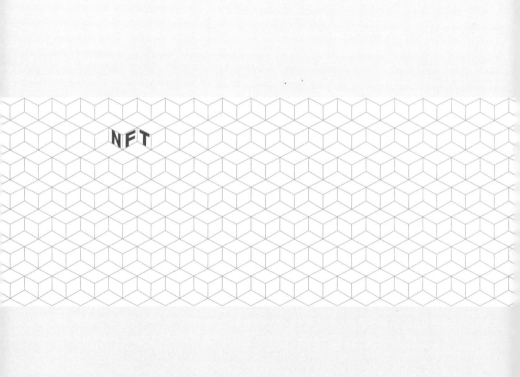

NFT

부록

위험 요인을 피해서 NFT 아트테크 하는 TIP

이것만은 꼭 확인하자!

개인키를 분실했을 때

'개인키'는 NFT의 소유권을 이전할 때, 즉 계약서를 작성하고 서명할 때 사용되는 '인감도장'과 같은 역할을 합니다. 거래에 유효한 서명은 디지털 키Key로 생성되는데요. 키는 개인키와 공개키 한 쌍으로 구성됩니다. 개인키로 공개키를 생성하고, 공개키로 암호화폐 주소를 생성하기 때문에 개인키가 제일 중요하다고 볼 수 있습니다. 개인키를 분실하였다는 것은 암호화폐 지갑 주소의 소유자임을 증명할 수 있는 방법이 없어졌다는 것을 의미합니다. 이렇게 중요한 개인키는 '64자리 16진수'라는 복잡한 숫자와 영문으로 표기됩니다. 사실상 외우기 어렵다는 문제가 있습니다.

이러한 개인키를 잊어버리거나 분실했을 경우를 대비해서 개인키를 복구하는 방법이 있습니다. 바로 12개 혹은 24개의 영어 단어로 되어 있는 '복구 코드'입니다. 니모닉Mnemonic, 시드 문구Seed

Phrase, 백업 문구라고 불리기도 하는데요. 복구 코드는 순서가 달라지면 안 되기 때문에 차례대로 보관해야 합니다. 복구 코드를 보관하는 장소도 중요합니다. 온라인상에 보관하는 경우 해킹당할 수 있기에 종이에 적어 두거나, 복구 코드를 몇 개로 쪼개어 다른 이메일에 각각 나누어 저장하기도 합니다. 어떤 방법이든 다른 사람이 볼 수 없도록 하는 것이 제일 중요합니다. 복구 코드를 통해서 개인키를 계산할 수 있으므로 누군가 복구 코드를 요청하거나 입력하라고 하면 사기일 가능성이 높습니다.

개인키 관리가 어렵고 보안에 취약하다는 문제 때문에 다양한 보호 방법이 나타나고 있습니다. 2020년 7월에 미국의 통화감독청(OCC)은 암호화폐의 개인키를 보관하는 것이 '수탁Custody 서비스'에 속한다고 결론 내리면서 허용하기 시작하였습니다. 이에 따라 암호화폐를 부정적으로 바라보던 전통적인 금융권의 입장에도 변화가 생기고 있습니다. 국내에서는 신한은행이 2019년 8월 그라운드 X 및 헥슬란트 연구소와 함께 개인키 관리 시스템(PKMS, Private Key Management System)' 개발 사업을 추진하였습니다. 일부 암호화폐 거래소는 투자자들에게 거래소 지갑을 제공하고 개인키를 보관할 수 있게 합니다. 개인키를 암호화해 클라우드에 분산 저장한 뒤 보관하는 별도의 개인키 관리 서비스 플랫폼들도 등장하였지요.

2022년 11월 국내 금융정보보호 컨퍼런스(FISCON 2022)에서 발표된 금융보안원의 데이터에 따르면, 2022년 1월에서 10월까지 개인 키 유출 피해액은 7억 3,200달러(약 9,500억 원)에 이른다고 합니다. 거래를 승인하는 개인키의 중요성은 아무리 강조해도 지나치지 않습니다. 개인키와 복구 코드를 잊어버리거나 해킹당하지 않기 위해서 자신만의 특별한 보관 방법을 생각해 보는 것도 중요하겠습니다.

□■□□□

'희소성'이란 양날의 칼

NFT는 디지털 소유권 증명서이자 등기권리증입니다. NFT가 디지털 콘텐츠에 '희소성'을 부여해서 '자산 가치'를 만들어 주는 것이지요. 디지털 콘텐츠에 가치가 생기면 소유할 수 있고, 거래가 가능해집니다. NFT의 대체 불가능성과 희소성 덕분에 가치 소비, 취향 소비를 중요시하는 MZ세대가 NFT 시장에 대거 진입하였는데요. 고가의 PFP NFT의 구매는 자신만의 취향과 부를 과시하는 동시에 정체성을 드러낼 수 있는 수단이기도 합니다.

문제는 NFT의 '고유성' '희소성'이란 특징이 가치를 높이기도 하지만 판매할 때는 오히려 조건에 딱 맞는 구매자를 찾기 어렵게 하는 요인이 될 수도 있다는 것입니다. 희소성이란 특징이 양날의 칼이 될 수 있다는 이야기인데요. 이익이 될 수도 있지만, 반대로 단점이 될 수도 있습니다. 이러한 이유 때문에 단독 발행된 NFT 아트보다는 대체 가능한 유형이 많은 PFP NFT에 관심을 두는 컬렉터도 많습니다. 이 점을 고려하여 NFT 아트 거래는 장기적인 관점에서 접근하고, 여유 자금으로 시작하는 것이 좋습니다.

세계적인 투자가 워런 버핏은 "10년 가지고 갈 주식 아니면 단 10분도 가지고 있지 마라!"라고 하였고요. 저명한 투자가였던 앙드레 코스탈라니Andre Kostolany는 "주식을 사라. 그리고 수면제를 먹고 자라. 10년 뒤에 깨어나면 부자가 되어 있을 것이다"라고 하였습니다. 주식처럼 환금성과 유동성이 높은 자산도 기업의 내재된 가치와 성장성을 보고 장기적으로 투자하라고 권유합니다. 미술 시장 역시 마찬가지입니다. 전통 미술 시장에서도 미술품은 유동성이 낮은 자산이기 때문에 통상 10년가량 장기 보유해야 투자 수익을 얻을 수 있다고 합니다. 물론 유명 작가의 작품이라면 3~6개월가량의 단기 투자도 가능하다고는 합니다. NFT 아트의 본질은 결국 아트임을 생각해 보면서 즉각적인 환금성보다는 안정성을 추구하는 전략으로 접근하는 것이 중요하겠습니다.

저작권과 소유권의 구별

2021년 12월 미국의 NFT 아티스트 메이슨 로스차일드Mason Rothschild는 '메타버스'와 '버킨'을 합성한 '메타버킨스MetaBirkins'라는 명칭으로 NFT 아트를 발행하고 판매하였는데요. 오픈씨에 출시되자마자 인기를 얻으면서 2022년 1월 기준 매출액이 110만 달러(약 14억 3,000만 원)를 넘어섰다고 합니다. 그런데 프랑스 명품 브랜드 에르메스Hermes가 메타버킨스 NFT가 자사의 '버킨백Birkin bag' 저작권과 상표권을 침해하였다고 주장하면서 소송을 제기하였습니다.

2021년 6월 국내의 한 종합광고대행사는 한국 근현대 미술 작가 중 김환기, 이중섭, 박수근의 작품을 NFT로 발행하여 경매에서 판매하려고 하였습니다. 그러나 저작권과 관련하여 유족과 재단의 반발로 결국 경매가 취소되었습니다.

명품 브랜드 에르메스의 버킨백 이미지를 NFT로 발행한 메타버킨스

저작권이란 인간의 사상 또는 감정을 표현한 창작물의 창작자에게 주어지는 권리를 말합니다. 저작권은 크게 저작재산권과 저작인격권으로 나누어 볼 수 있는데요. 저작자의 경제적 이익을 보전해 주기 위한 권리를 '저작재산권'이라고 하며, 저작자의 명예와 인격적 이익을 보호하기 위한 권리를 '저작인격권'이라고 합니다. 저작권법에 따르면, 저작물의 보호 기간은 원칙적으로 저작자가 생존하는 동안과 사망한 후 70년간 존속됩니다. 공동 저작물의 경우에는 맨 마지막으로 사망한 저작자의 사망 후 70년간 존속한다고 명시되어 있습니다. 다만 저작자의 사망 시점을 알 수 없는 경우, 무명 저작물인 경우 등과 같이 예외적인 상황에서는 공표된 시점을 기준으로 70년간 존속

합니다.

저작권은 저작물의 창작과 동시에 발생하며, 등록이라는 별도의 절차 없이도 헌법과 저작권법에 의해 보호받을 수 있습니다. 이에 따라 NFT 아트도 디지털 아트를 만든 최초의 창작자에게 저작권이 발생됩니다. NFT 아트를 구매하는 사람은 저작권이 아닌 소유권을 갖게 되는 것이지요. 일반적으로 구매자는 NFT 아트를 개인적인 용도로 사용하거나 전시할 권리를 갖는데요. 상업적으로 사용할 수는 없습니다. 구매한 NFT 아트에 기반한 다른 작품, 즉 2차 저작물을 제작할 권리도 없습니다. 단순히 NFT 아트 그 자체만 거래할 수 있습니다.

다만 예외적으로 NFT 아트를 구매할 때 저작권 양도 또는 저작권 이용 허락까지 포함하는 경우가 있습니다. 예를 들어 BAYC는 NFT 구매자들에게 사용 범위에 별도 제한을 두지 않고 상업적으로 활용할 수 있도록 하고 있는데요. 구매자들은 자신이 소유한 BAYC 캐릭터를 활용하여 다양한 제품을 만들어 판매할 수 있습니다. BAYC NFT 홀더는 캐릭터 NFT 자체의 가치 상승에 따른 수익과 다양한 커뮤니티 혜택뿐만 아니라 이를 활용한 제품을 통해 또 다른 수익도 창출할 수 있는 것입니다. 스포츠 브랜드 아디다스Adidas도 BAYC 중에서 〈#8774〉 NFT를 구매하여 메타버스 캐릭터 '인디고 허츠 Indigo Herz'를 제작하였습니다. NFT로 발행한 3만 개의 인디고 허

PFP NFT <BAYC #8774>

<BAYC #8774>로 제작한 아디다스의
인디고 허츠

츠는 개당 100만 원가량으로 완판되어 몇 초 만에 300억 원의 매출
을 올렸습니다.

　크리에이터로서 NFT 아트를 제작할 때도 저작권을 유념해야 합니
다. NFT를 발행할 때는 자신이 직접 창작한 작품으로 제작하는 것
이 제일 안전합니다. 직접 만들지 않은 작품으로 NFT를 발행하면 해
당 작품 창작자의 저작권을 침해할 가능성이 큽니다. 그뿐만 아니라
창작자가 입은 손해를 금전적으로 보상해야 할 수도 있습니다. 물론
예외적으로 다른 사람의 작품을 활용할 수 있는 경우가 있는데요.
첫 번째, 저작권자로부터 라이센스를 받는 방법입니다. NFT를 발행
하는 데 있어 해당 저작권을 사용할 수 있는 권리 일부를 받는 것인
데요. 그에 대한 보상으로 NFT 발행자는 저작권자에게 일정 비율의

로열티를 지급해야 합니다. 두 번째, 저작권이 소멸되어 공공 영역(퍼블릭 도메인)에 있는 창작물을 활용하는 것입니다. 저작권의 보호 기간은 저작권자가 사망한 후 70년까지이므로 그 이후에는 저작권이 소멸합니다. 이 경우에는 별도의 동의 없이 창작물을 자유롭게 사용할 수 있습니다.

오늘날 저작권과 관련된 대부분의 문제는 저작권과 소유권을 동일시하는 데서 나온다고 합니다. 소유권은 보호 기간이 정해져 있지 않고 영구적이지만, 저작권은 보호 기간이 정해져 있습니다. 그러므로 크리에이터로서 NFT 아트를 제작할 때 다른 사람의 저작권을 침해하지 않게 주의해야 합니다. 컬렉터로서 NFT 아트를 구매할 때도 저작권이 아닌 소유권만 이전된다는 점에 유의해야 합니다. 물론 사용 범위를 별도로 제한하지 않는다는 등의 조건이 특별히 명시되어 있는 경우는 예외입니다. 그러나 상업적 이용을 허락하는 경우라 하더라도 저작권을 양도한다는 명시적인 문구가 없는 한 저작권을 갖지 못합니다. 다시 말하면 저작권의 이용 허락인지 저작권의 양도인지를 명확하게 구별해야 하는 것이지요.

더 나아가 저작권자의 동의를 받지 않은 작품을 NFT로 발행하여 위법으로 판매하는 경우도 있으니 구매자는 NFT 아트를 발행한 사람이 저작권을 보유하였는지 확인해야 합니다. NFT 아트가 적법한 소유권자로부터 판매된 것이지도 잘 알아봐야 하지요. 위법한 상황을 사전에 방지할 수 있는 법이 아직 마련되어 있지 않기 때문에 컬렉터 스스로 확인하는 절차가 꼭 필요합니다. 그러므로 NFT 아트 거래를 하기에 앞서 믿을 만한 마켓플레이스인지, 적법한 판매자인지 SNS 계정 등 여러 통로를 통해 사전에 검증하는 것이 중요합니다.

암호화폐 가격의 변동성

NFT는 블록체인을 기반으로 탄생되었기 때문에 NFT를 발행하거나 다양한 거래 행위를 하려면 암호화폐가 필요합니다. 물론 NFT 시장의 진입 장벽을 낮추기 위해서 신용카드로 거래할 수 있는 플랫폼이 증가하고 있기는 합니다. 그러나 기본적으로 NFT 거래 행위를 손쉽게 진행하려면 암호화폐를 사용해야 합니다.

2022년 1월 금융위원회가 발표한 〈2021년 하반기 가상자산사업자 실태조사 결과〉에 따르면, 2021년 하반기 국내 시장에서 거래된 암호화폐 가격의 변동성이 코스피 시장의 4.4배인 것으로 나타났습니다. 국내에서 유통되는 암호화폐의 고점 대비 최대 손실폭은 약 65퍼센트로 나타났는데요. 심지어 2022년 11월 세계 3대 암호화폐 거래소인 FTX가 파산하면서 암호화폐 가격 급락 소식이 계속 이어졌습니다. 이와 같이 암호화폐 가격은 수시로 변하기에 NFT 아트의 가치를 판단할 때 이중적인 리스크risk를 안게 됩니다. 작품의 가치 뿐만 아니라 암호화폐의 가치 모두 고려해야 하기 때문이지요.

예를 들어 2이더리움으로 NFT 아트를 판매하려고 하는데, 판매가 이루어지지 않아서 1이더리움으로 값을 내린다고 가정해 보겠습니다. 암호화폐 이더리움의 가치마저 떨어져서 반값이 되었다고 하면, 결국 NFT 아트는 4분의 1 가격으로 하락한다고 볼 수 있지요. 반대로 작품 가치도 2배 오르고 암호화폐의 가치도 2배 오른다면, NFT 아트의 가격은 4배 상승한다고 볼 수 있습니다. 이와 같이 NFT 아트 거래에서는 작품의 가치와 암호화폐의 가치를 함께 고려해야 합니다.

NFT 시장의 불황기에 암호화폐 가격의 '변동성'이라는 특성은 단점으로 작용하지만 반대의 상황도 있습니다. CNBC의 보도에 따르면, 경제난을 심하게 겪고 있는 레바논에서는 자국 화폐 가치가 3년 새 95퍼센트 폭락하고 은행 시스템이 붕괴되자 국민들이 비트코인 같은 암호화폐를 사용하는 경우가 늘고 있다고 합니다. 2019년에 시작된 레바논의 경제난은 코로나19의 유행과 우크라이나 전쟁 등의 악재가 겹치면서 심해지고 있는데요. 이러한 상황에서 국민들은 암호화폐가 자국 화폐보다 더 안전하다고 생각하여 실생활에서도 결제 수단으로 널리 활용한다는 것입니다. 암호화폐 분석 업체 체인애널리시스Chainalysis에 따르면, 2022년 레바논의 암호화폐 거래량은 전년 대비 약 120퍼센트 증가하여 중동·북아프리카 국가 중 2위를 차지하였습니다.

미국의 리서치 투자 회사인 아크 인베스트Ark Invest가 발간한 〈빅 아이디어 2022〉 투자 보고서에서는 이더리움의 시가 총액이 2030년에 20조 달러(약 2만 6,000조 원)까지 성장할 것으로 예상하였습니다. 지금보다 6,000퍼센트 이상 오를 것이라는 분석입니다. 투자 시장은 언제나 성장과 쇠퇴를 반복합니다. NFT 시장이 침체기를 맞이하더라도 위기 속에서 기회를 찾듯이, 암호화폐의 이중적인 리스크를 기회로 삼는 지혜가 필요하겠습니다.

다양한 NFT 사기 유형

작품 원본은 미리 확인할 것

NFT는 미디어 데이터, 메타 데이터, 스마트 콘트랙트, 이렇게 3개의 요소로 구성되어 있다고 하였습니다. 이 중에서 메타 데이터는 디지털 콘텐츠에 대한 상세한 설명을 담고 있습니다. 즉 디지털 콘텐츠의 제목, 작품 설명, 작가에 대한 정보, 원본 데이터가 저장되어 있는 인터넷 주소 등으로 구성되어 있다고 하였는데요. NFT를 구매할 때 이 메타 데이터에 어떤 정보가 담겨 있는지 살펴보는 것이 중요합니다. 당연히 원본 데이터가 있는 인터넷 주소로 방문하여 직접 확인해봐야 합니다.

NFT 거래 당사자가 디지털 원본의 소유자인지, 저작권을 보유한 사람인지 확인하는 것도 중요합니다. 적법한 절차로 NFT 아트를 발행하였는지 확인해야 한다는 뜻입니다. 대부분의 NFT 마켓플레이스에는 정품 인증 기능이 없고, 누구나 NFT를 발행할 수 있습니다. 누군가가 다른 사람의 작품을 도용하여 NFT로 발행할 수도 있는 것이지요. 이러한 점에서 슈퍼레어, 니프티 게이트웨이 등과 같이 자체 심사를 거쳐 진입할 수 있는 NFT 마켓플레이스에서 거래하는 것도 하나의 방법이 되겠습니다.

최근에는 SNS에서도 인증 기능을 개발하고 있습니다. 2022년 1월 트위터에서는 유료 서비스 '트위터블루' 이용자를 대상으로 NFT 프로필 기능을 선보였습니다. NFT 프로필 사진이 일반 원형 모양의 프로필과 차별되도록 육각형 모양으로 표시됩니다. 사용자의 프로필을 누르면 해당 NFT가 어떤 마켓플레이스에서 인증되었는지 확인할 수 있습니다. 다른 사람의 NFT 작품을 무단으로 도용하여 프로필 사진으로 사용하는 경우 프로필의 형태가 그대로 일반 원형 모양으로 표시되겠지요.

인스타그램도 2022년 11월 솔라나Solana 및 폴리곤 블록체인을 기반으로 하는 NFT부터 인증 기능을 지원한다고 발표하였는데요. 암호화폐 지갑을 인스타그램에 연동하면 소유권자임을 인증할 수 있다고 합니다.

세계적인 소프트웨어사인 어도비Adobe 역시 2021년 10월 포토샵Photoshop 프로그램에 '콘텐츠 자격 증명Content Credentials' 기능을 추가한다고 발표하였습니다. 크리에이터가 암호화폐 지갑 주소와 SNS 계정 정보를 '콘텐츠 자격 증명' 기능에 연결해 두면 컬렉터가 NFT 판매자 정보를 대조하여 작품의 진위 여부를 판별할 수 있는 기능입니다.

사라진 캣슬: 국내 첫 NFT 러그풀 사건

2021년 11월에 등장한 캣슬CatSle 프로젝트는 디파이를 통해 고양이 NFT를 구매하고 보유하면 토큰을 받을 수 있는 NFT 프로젝트였습니다. 캣슬 NFT 10마리를 소유하면 1킷Kit(토큰 이름, 약 1클레이 KALY로 1,500원가량)짜리 물고기를 준다고 홍보하였습니다. 발행 후 오픈씨에서 2위에 오르기도 하였고, 클레이튼 NFT 마켓에서는 6위까지 기록하며 총 1만 마리의 고양이가 완판되어 화제를 모았지요.

발행된 1만 마리 중 1,000마리에 대한 1차 프리세일은 21시간 만에 완판되었습니다. 프리세일 당시 25~35클레이(3만~5만 원)에 거래되었던 캣슬 NFT 가격은 약 30만 원까지 올라가기도 하였습니다. 그런데 2022년 1월 캣슬 개발자들은 "메인 계정 해킹으로 더 이상 프로젝트를 진행할 수 없습니다"라는 말만 남기고 사라졌습니다. 이후 캣슬 NFT의 개당 가격은 약 3,000원으로 급락하였습니다.

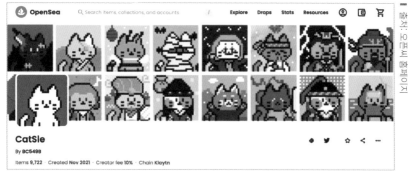

캣슬 NFT 계정

　캣슬을 구매한 NFT 홀더들은 대책을 모색하였습니다. 총 2억 1,000만 원을 투자하였던 9명의 홀더들은 캣슬 NFT 운영진에 대한 소송을 진행하였고요. 결국 2022년 4월 서울경찰청 사이버수사과는 캣슬 NFT 개발자를 체포하여 구속하였습니다.

　'러그풀Rug Pull'은 양탄자를 잡아당겨 사람들을 넘어뜨리는 행위를 뜻하는데요. 암호화폐 시장에서 프로젝트 개발자가 돌연 진행을 중단하여 투자금을 가로채는 투자 사기를 의미합니다. 소위 말하는 '먹튀'를 떠올리면 되겠습니다. 블록체인 데이터 플랫폼사인 체이널리시스Chainalysis가 발표한 〈2022년 암호화폐 범죄 보고서〉에 따르면, 2021년 글로벌 암호화폐 사기 범죄 피해액 중 러그풀로 인한 피해 금액은 28억 달러(약 3조 6,000억 원)에 이른다고 합니다.

　약 77억 달러(약 10조 100억 원)에 달하는 전체 사기 피해액의

37퍼센트가량에 해당하는 규모인데요. 개발자가 투자금을 받고 잠적하는 데까지 걸리는 시간도 평균 192일에서 70일로 짧아지는 추세라고 합니다. NFT 개발자가 실명 공개를 하지 않거나 거래량 및 홀더 수 등이 적으면 일단 의심해야 합니다. 고수익, 고이율을 보장한다면서 투자를 권유하는 경우도 마찬가지입니다. 더 나아가 개발자의 업데이트 등 개발 활동 진행 상황을 꼼꼼히 확인하고 개발자와 투자사의 정보도 미리 조사할 필요가 있습니다. 이러한 위험성 때문에 최근에는 신뢰할 수 있는 기업에서 진행하는 NFT 프로젝트가 주목받고 있기도 합니다.

캣슬 NFT 프로젝트 사기 수법

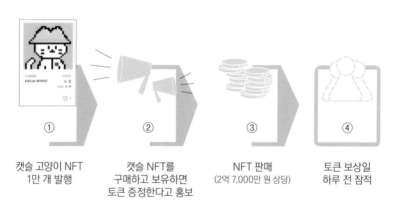

① 캣슬 고양이 NFT
1만 개 발행

② 캣슬 NFT를
구매하고 보유하면
토큰 증정한다고 홍보

③ NFT 판매
(2억 7,000만 원 상당)

④ 토큰 보상일
하루 전 잠적

피싱과 해킹

2022년 2월 피싱Phishing 공격으로 오픈씨 사용자 17명이 254개의 NFT를 도난당하는 일이 벌어졌습니다. 범인들은 훔친 NFT를 판매하여 170만 달러(약 22억 1,000만 원) 상당의 이더리움을 취득하였는데요. 스마트계약 업데이트 과정을 노려 사용자들에게 이를 알리는 것으로 위장한 피싱 메일을 보낸 것입니다. 메일의 링크를 클릭하면 위장된 홈페이지로 이동시켜 홀더들이 NFT를 범인들의 지갑으로 보내는 거래에 서명하도록 유도하였습니다.

'피싱'이란 개인 정보Private Data와 낚시Fishing의 합성어입니다. 금융 기관 등으로부터 개인 정보를 불법적으로 알아내 이용하는 사기 수법을 말합니다. 블록체인 분석 업체인 엘립틱Elliptic이 발간한 보고서에 따르면, 2021년 7월부터 2022년 7월까지 1년간 사이버 공격으로 도난당한 NFT의 가치는 1억 달러(약 1,300억 원)에 달한다고 하는데요. 전체 피해 규모 중 약 6,950만 달러(약 903억 5,000만 원) 상당의 피해만 그 원인이 파악되었는데, 이 중 80퍼센트 이상이 피싱 공격으로 인한 것이라고 합니다. 이메일, 문자 등을 활용한 피싱이 51.5퍼센트로 대부분을 차지하였고요. 그다음으로는 디스코드와 같은 SNS를 활용한 피싱이 28.6퍼센트를 차지하였습니다.

'해킹Hacking'은 허가받지 않은 정보 시스템에 침투하는 행위를 말합니다. NFT를 이루고 있는 미디어 데이터와 메타 데이터는 보통 블록체인이 아닌 IPFS와 같은 외부 분산형 저장 매체에 보관하는데요(이 책의 32쪽 「NFT는 무엇인가?」 'NFT의 구조 이해하기' 참고). NFT의 모든 요소를 블록체인에 다 담으면 용량이 커지고, 전송 속도도 느려지면서 수수료가 비싸지기 때문에 블록체인이 아닌 외부 저장 매체에 보관한다고 하였습니다. 이러한 외부 저장 매체는 아무래도 해킹의 위험이 크기에 각별한 주의가 필요합니다.

더블 민팅과 이중 지불

NFT 크리에이터나 NFT 아트 에이전트가 동일한 작품을 다른 마켓플레이스에 중복해서 민팅하는 것을 '더블 민팅Double Minting'이라고 합니다. 이와 관련하여 문제가 될 수 있는 경우가 몇 가지 있는데요. 저작권자가 저작권을 아예 양도한 것이 아니라 저작권 이용 허락만 한 경우 저작권은 여전히 저작권자에게 있기 때문에 원칙적으로는 더블 민팅이 가능합니다. 심지어 더블 민팅 금지 약정을 체결하여도 저작권자는 더블 민팅을 할 수 있습니다. 더블 민팅 금지 약정에만 위반될 뿐입니다. 따라서 이러한 상황을 대비하여 더블 민팅 금지 약정과 함께 손해배상액 약정도 명시하는 것이 유리합니다.

NFT 거래 시 암호화폐를 이중으로 지불하는 문제도 발생할 수 있습니다. 해킹으로 두 사람이 동시에 동일한 NFT 아트를 구매하는 경우입니다. 이러한 문제가 발생하게 되면 어떤 사람이 진정한 소유권자이고, 어느 작품이 원본인지 등의 판단이 어려워지기 때문에 분쟁이 발생할 수 있습니다.

지금까지 NFT 아트 거래에서 나타나는 몇 가지 사기 유형을 살펴보았습니다. 이 외에도 에어드랍 사기, 위조 NFT, 고객 지원 사칭 등 다양한 신종 범죄가 증가하고 있는데요. NFT 시장에서는 아직까지 컬렉터 등을 보호할 법적 제도가 미흡한 상황입니다. 피해가 발생하더라도 보상받기 어려운 실정이지요. 암호화폐 시장에서 유명한 "DYOR"이라는 말이 있습니다. "Do Your Own Research"라는 뜻으로 '자신이 투자할 프로젝트에 대한 검증은 직접 하라'는 의미입니다. 결국 조심하고 또 조심하면서 자기 스스로 보호해 나가야 합니다.

미지의 세계를 기다리며

책을 마무리하면서 지난 시간을 되돌아봅니다. 글을 쓰기 시작할 때만 해도 가상자산 열풍이 미술 시장의 호황과 맞물려 NFT의 시대가 도래한 것만 같은 'NFT 아트의 활황기'였습니다. 책을 마무리하는 이 시점에는 세계적인 경기 침체에 따라 NFT 아트 시장 역시 불황기를 겪고 있습니다. 하루가 다르게 변화하는 NFT 시장의 분위기에 당혹스럽기도 하고, 고민도 많았는데요. 자료를 모으고 책을 쓰면서 더욱 확신하게 된 분명한 사실은 NFT의 시대는 반드시 온다는 것입니다. 지금 세상은 디지털 세계로 확장·전환되고 있습니다. 코로나19로 인하여 그 변화 속도는 더 빨라졌지요. 디지털 세상에서 NFT는 그동안 해결하지 못했던 수많은 문제를 해결해 줄 것입니다.

아직 NFT가 나와 무관하다고 생각하거나 내 그림, 영상 등을 NFT로 발행하기 부담스러운 독자 분도 있을 겁니다. 그렇다면 바로 카카오톡 서비스 내에 있는 암호화폐 지갑인 클립 버튼을 눌러 보아도 좋고요. 자주 다니는 백화점, 커피숍 멤버십의 NFT를 구매해 보는 것도 추천합니다. 암호화폐 개념이 와 닿지 않는다면 신용카드로 NFT를 구매해 볼 수도 있습니다. NFT가 먼 미래의 이야기가 아니라 벌써 우리 실생활에 들어와 있음을 경험할 수 있을 겁니다.

저는 집 근처에 신세계백화점이 있어 백화점 멤버십인 푸빌라 NFT를 구매해 보았습니다. 푸빌라 NFT는 책에서도 간략하게 소개하였는데요. 푸빌라 종류에 따라 각각 다른 등급이 부여되고, 그 등급에 따라 백화점에서 이용할 수 있는 혜택도 다르게 제공됩니다. 멤버십 NFT는 어떤 것인지 궁금하던 참에 유틸리티도 무료 주차권, 커피 쿠폰, 식사권 등이라 평소에 활용하면 될 것 같아 구매를 하였지요.

사실 혜택은 기존 멤버십과 비슷합니다. 차이가 있다면 기존 멤버십은 구매 금액에 따라 백화점에 의해 등급이 결정되고요. 멤버십 NFT는 고객이 등급을 결정하고 구매할 수 있다는 것입니다. 멤버십을 위해 새로운 캐릭터를 디자인하고 NFT로 발행함에 따라 구매자(홀더)들을 위한 커뮤니티가 좀 더 단단하게 결속된다는 특징도 있습니다. 그러면 막강한 팬덤을 갖춘 브랜드로 성장하게 되겠지요.

혹자는 "NFT는 역사도 없고, 프로도 아마추어도 없이 모두가 원점에서 새로 시작한다"고 하였습니다. 전통 미술 시장에 전혀 알려지지 않았던 비플이라는 작가가 전 세계적인 스타가 된 것처럼 말입니다. NFT가 대중화되기 전에 우리도 미리 준비한다면 새로운 기회를 선점할 수 있을 것이라고 믿어 의심치 않습니다. 지금의 언어로는 표현하지 못하는 미지의 세계가 펼쳐지리라 상상해 봅니다.

끝으로 제가 무슨 일을 하든지 무조건 믿어 주시고 응원해 주시는 부모님, 든든한 평생 조력자 남편 현석, 이 세상 그 어떤 것과도 바꿀 수 없는 내 보물들 도이, 도아 덕분에 무사히 책을 마무리할 수 있었습니다. 늘 감사하고 사랑합니다. 저의 글에 관심과 애정을 갖고 단단한 책으로 만들어 주신 아라크네 관계자 분들께도 감사의 인사를 드립니다. 수많은 NFT 책 중에서 이 책을 선택하여 끝까지 읽어 주신 독자 분들께도 깊은 감사의 마음을 전합니다. 아주 조금이라도 도움이 되는 시간이었기를 간절히 바랍니다.

2023년 3월

강희정

미술과 재테크를 몰라도
누구나 할 수 있는 NFT 아트테크

초판 1쇄 인쇄 2023년 3월 7일
초판 1쇄 발행 2023년 3월 15일

지은이 강희정

펴낸이 김연홍
펴낸곳 아라크네

출판등록 1999년 10월 12일 제2-2945호
주소 서울시 마포구 성미산로 187 아라크네빌딩 5층(연남동)
전화 02-334-3887 **팩스** 02-334-2068

ISBN 979-11-5774-735-1 03320